BEI GRIN MACHT SICH IHR WISSEN BEZAHLT

- Wir veröffentlichen Ihre Hausarbeit, Bachelor- und Masterarbeit

- Ihr eigenes eBook und Buch - weltweit in allen wichtigen Shops

- Verdienen Sie an jedem Verkauf

Jetzt bei www.GRIN.com hochladen und kostenlos publizieren

Anonym

Pädagogische Psychologie

Examensvorbereitung

GRIN Verlag

Bibliografische Information der Deutschen Nationalbibliothek:

Die Deutsche Bibliothek verzeichnet diese Publikation in der Deutschen National-
bibliografie; detaillierte bibliografische Daten sind im Internet über http://dnb.d-
nb.de/ abrufbar.

Impressum:

Copyright © 2010 GRIN Verlag GmbH
Druck und Bindung: Books on Demand GmbH, Norderstedt Germany
ISBN: 978-3-656-70751-6

Dieses Buch bei GRIN:

http://www.grin.com/de/e-book/277747/paedagogische-psychologie

GRIN - Your knowledge has value

Der GRIN Verlag publiziert seit 1998 wissenschaftliche Arbeiten von Studenten, Hochschullehrern und anderen Akademikern als eBook und gedrucktes Buch. Die Verlagswebsite www.grin.com ist die ideale Plattform zur Veröffentlichung von Hausarbeiten, Abschlussarbeiten, wissenschaftlichen Aufsätzen, Dissertationen und Fachbüchern.

Besuchen Sie uns im Internet:

http://www.grin.com/

http://www.facebook.com/grincom

http://www.twitter.com/grin_com

Pädagogische Psychologie

1. Grundlagen der Psychologie

1.1. Der Begriff Psychologie
- gr. psyche + logos = Lehre von der Seele
- Wahrscheinlich erste Verwendung des Begriffs 1590 durch Rudolph Godenius als Psychologia
- Griechische Philosophie: Beschäftigung mit der Seele (Platon + Aristoteles)

1.2. Kurzabriss der Geschichte der wissenschaftlichen Psychologie
- Um 1900   Strukturalismus
- 1913/1928-1960   Beginn des Behaviorismus (= Verhaltensforschung meist mit Tieren) in Amerika (u.a. Thorndike + Skinner); parallel dazu Psychoanalyse (Freud) und ihre „Gegenbewegung", die Gestaltpsychologie (u.a. Koffka + Lewin)
- Mitte 1960er   Kognitive Wende (= Wiederentdeckung des Bewusstseins) in den USA: stärkere Berücksichtigung von Emotion und Motivation
- Gegenwart   Neue Ansätze, wie z.B. Mensch-Maschine-Interaktion

1.3. Gegenstand und Ziele der Psychologie
- Gegenstand: Verhalten, Erleben und Bewusstsein des Menschen
- Ziele der wissenschaftlichen Psychologie nach Schotz (2006)
  1) Beschreiben, Messen
  2) Erklären
  3) Vorhersagen und
  4) Steuern, Ändern von Verhalten durch Grundlagenforschung und angewandte Forschung

1.4. Definition nach Myers (2005)
- **Wissenschaft** vom Verhalten (z.B. Lächeln) und von den mentalen Prozessen (z.B. Gefühle und Gedanken)

1.5. Grundbegriffe der Psychologie
- Korrelation: Statistische Größe zur Kennzeichnung des Zusammenhangs zwischen zwei Merkmalen; Korrelationseffizient: +1 (perfekt positiver Zusammenhang), 0 (kein linearer Zusammenhang), -1 (perfekt negativer Zusammenhang)

- Standardabweichung (Streuung): Durchschnittlich quadrierte Abweichung vom Mittelwert

- Stichprobe: Eine repräsentative, zufällig aus einer Grundgesamtheit ausgewählte Menge von Personen oder Elementen

- Der statistische Test (= Signifikanztest)
  - ○ Überprüft, ob sich die Ergebnisse zweier Stichproben nur zufällig unterscheiden oder signifikant
  - ○ Angabe der Signifikanz der Ergebnisse auf verschiedenen Prozentniveaus (meist 5%, besser 1%)

- Hypothese
  - ○ Einzelne, aber theoretisch begründete Aussage über einen bestimmten, genau zu beschreibenden Sachverhalt. Sie kann verifiziert (bestätigt) oder falsifiziert (widerlegt) werden. Sie sollte in eine Theorie eingebettet sein, die den großen Kontext umfasst.
  - ○ Überprüfung von Hypothesen
    1) Aufstellen einer statistisch überprüfbaren Nullhypothese (H_0)
    2) Prüfung mittels eines statistischen Signifikanztests gegenüber der Alternativhypothese H_1 (dem komplementären Rest)

3) Folgerungen: Verwerfung der Nullhypothese (H_0) = Annahme der Alternativhypothese (H_1)

- Theorie: Eine Theorie ist gut, wenn sie die beobachteten Fakten miteinander verbindet und ordnet und wenn sie Hypothesen impliziert, die überprüfbare Vorhersagen und manchmal praktische Anwendungen ermöglichen → Einbettung von Hypothesen in Theorien

> **Psychologie heute als empirische Wissenschaft mit Quantifizierung der Beobachtungsdaten, dennoch Rückführung von Zahlen in Sprache nötig → Verortung der Psychologie sowohl in Philosophischen Fakultäten (z.B. Universität Würzburg) als auch in Naturwissenschaftlichen Fakultäten (z.B. Universität Leipzig)**

2. Was ist „Lernen"?

2.1. Begriffserklärung

- Prinzipiell alle relativ dauerhaften Veränderungen, die aus Erfahrung resultieren; Ausnahmen Müdigkeit, Reifung, Drogengebrauch, Verletzung und Krankheit (Lefrancois, 2006)
- Erfahrung = Kontakt mit oder Teilnahme an externalen oder internalen Ereignissen für die der Organismus sensitiv ist. (Lefrancois)

2.2. Differenzierung in behavioristische- und kognitive Lerntheorien

- Lerntheorie = Systematischer Versuch, menschliches Verhalten zu erklären und vorherzusagen (vgl. Ziele der wissenschaftlichen Psychologie 1.3)

	Behaviorismus	Kognitivismus
Beschreibung	Beobachtbare Aspekte des Verhaltens mit bewusster Reduzierung des menschlichen Verhaltens auf beobachtbare Variablen	Kognitive und emotionale Aspekte des Verhaltens seit 1960er Jahren (vgl. Geschichte der Psychologie 1.2) → kognitive Wende
Vertreter	Pawlow, Watson, Thorndike, Skinner	Tolman, Brunner, Piaget (Ablehnung der „Black Box")
Grundannahme	Gelernte Veränderungen = Veränderung des Verhaltens bzw. des Verhaltenspotentials (Bower + Hildegard)	Gelernte Veränderungen = Veränderung der kognitiven Strukturen, u.a. deklaratives, prozedurales (Ablauf von Prozessen) und metakonzeptuelles (Konzept vom Konzept – Kausalität) Wissen + Überlegungen und Einstellungen
Inhalt	Reiz-Reaktions-Lernen; Fokus auf beobachtbarem Verhalten bzw. dessen Bedingungen und Konsequenzen	Prozess der Informationsverarbeitung, nicht als Reiz-Reaktion-Verarbeitung; Fokus auf den mentalen Prozessen (Informationsaufnahme, ihre Bearbeitung, Speicherung und Wiedergabe)
Sonstiges	Betrachten des Körpers als „Black Box" (Informationsaufnahme 1:1 ohne Filterung ↔ Piaget)	
Hervorheben von Erfahrung als konstitutives Merkmal eines Lernprozesses		

2.3. Lernformen – Differenzierung zwischen vier Grundformen des Lernens

Reiz-Reaktion-Lernen (vgl. 3.) **(Klassische Konditionierung)** → Verbindung von Reiz + Verhalten	Fokus auf den äußeren Reizen und dem Verhalten (Außensteuerung)
Instrumentelles Lernen (vgl. 4) **(Operante Konditionierung)** → Verbindung von Verhalten und Konsequenz	
Begriffsbindung und Wissenserwerb → Verbindung zwischen Begriffen bzw. kognitiven Strukturen	Fokus auf den kognitiven Prozessen (Innensteuerung)
Prozedurales Lernen und Problemlösen → Verbindung von Wissen und Handeln	
Modelllernen (soziales Lernen)	Von vielen Autoren als eigenständiges fünftes Modell angesehen

3. Klassisches Konditionieren nach Pawlow – Theorie des Signallernens, später klassisches Konditionieren

3.1. Grundbegriffe und Prinzipien des klassischen Konditionierens

- UCS = unconditioned stimulus = unkonditionierter/unbedingter/ungelernter Reiz
- UCR = unconditioned reaction = unkonditionierte/unbedingte/ungelernte Reaktion
- NS = neutral stimulus = neutraler Reiz
- CS = conditioned stimulus = konditionierter/bedingter/gelernter Reiz
- CR = conditioned reaction = konditionierte/bedingter/gelernte Reaktion

- Reflex = Einfache, unbeabsichtigte, ungelernte Verhaltensweise, willentlich weitgehend unkontrollierbar

- Bekräftigung/Verstärkung beim klassischen Konditionieren: Anzahl der Paarungen zwischen dem neutralen Reiz (NS) und dem unkonditionierten Reiz (UCS); Wichtig: Kontiguität und Wiederholung der Kombination (vgl. 3.2)

- Reizgeneralisierung: Keine Notwendigkeit von identischen konditionierten Reizen (CS); Bezug zu Pawlow: Auslösen des Speichelflusses auch bei Tönen mit anderen Höhen; aber: größere Ähnlichkeit der konditionierten Reize (CS) → stärkere konditionierte Reaktion (CR)

- Reizdifferenzierung – der Reizgeneralisierung entgegengesetzt: Koppelung von einem von mehreren einander ähnlichen Reizen mit dem unkonditionierten Reiz (UCS) → Reaktion nur auf diesen einen Reiz; Bezug zu Pawlow: Hören mehrere Töne, aber Futtergabe nur bei einem der Töne → Speichelfluss nur bei diesem einen Ton

- Extinktion/Löschung: i.d.R. kein „Vergessen" von konditionierten Reaktionen möglich ↔ deklaratives Wissen; Löschung aber möglich durch mehrmaliges Darbieten des konditionierten Reizes (CS) ohne den unbedingten Reiz (UCS); Bezug zu Pawlow: Ertönen des Glockentons ohne Darbieten von Futter; Einsatzgebiet: z.B. Angsttherapie

- Konditionierung höherer Ordnung: Konditionierung eines neutralen Reizes (NS) durch die Kopplung mit einem konditionierten Reiz (CS) → Auslösen der gleichen konditionierten Reaktion; Einsatzgebiet: Werbung (Koppelung eines Produktes (NS) an eine populäre Persönlichkeit (CS) → konditionierte Reaktion); Unter bedingten Reaktionen höherer Ordnung versteht man Ketten von einzelnen bedingten Reaktionen.

- Individuelle Unterschiede: Leichtere bzw. schnellere Konditionierung bei ängstlichen Personen als bei weniger ängstlichen

- Diskrimination: unterschiedliche Reaktion auf verwandte, aber klar unterscheidbare Stimuli

3.2. Der Pawlosche Hund – Versuchsablauf
- Grundbeobachtung: Speichelabsonderung bei Hunden beim Erblicken des Pflegers mit Futter

- Weiterführung: Verbinden der Futtergabe mit einem Ton → „Erlernen" der Speichelabsonderung beim Ertönen des Signals

- Drei Schritte des Experiments
  1) Bevor gelernt wurde: UCS (Zeigen des Futters) → UCR (Speichelfluss) = Reflex
  2) Lernvorgang: UCS (Zeigen des Futters) + NS (Glockenton) → Speichelfluss
  3) Lernergebnis   CS (Glockenton) → CR (Speichelfluss)

- Zwei wichtige Punkte des Lernprozesses
  1) Zeitliche- und räumliche Nähe von UCS + NS (= Kontiguität)
  2) Wiederholung der Kombination

- Ergebnisse
  1) Assoziierung des neutralen Reizes (NS) mit dem unkonditionierten Reiz (UCS) = assoziatives Lernen
  2) Entstehung einer neuen Reiz-Reaktion-Beziehung: neutraler Reiz (NS) → konditionierter Reiz (CS); unkonditionierte Reaktion (UCR) → konditionierte Reaktion (CR)

- Anwendung in der Werbung: Koppelung eines neutralen Reizes (NS = Produkt) an einen unkonditionierten Reiz, der mit einer positiven Emotion behaftet ist (UCS = Sex) → positive Einstellung zum Produkt (CR); Bezug zu Pawlow: Koppelung des Glockentons (NS) an die Futtergebung (UCS)

3.3. Klassische Konditionierung im Humanbereich
- Relevanz bei Entwicklung emotionaler Reaktionen (z.B. Furcht, Wut, Liebe)

- Erweiterung des Modells der klassischen Konditionierung durch Watson (Begründer des Behaviorismus) → Übertragung der Konditionierung auf den Menschen

3.3.1. Der Fall Albert – Das Lernen von Angst/Angstkonditionierung = Emotionale Konditionierung
- Ausganglage: Albert (11 Monate) spielt gerne mit einer weißen Ratte

- Lernexperiment: Erblicken der Ratte (NS) + Schlagen auf eine Eisenstange (UCS) → Angst (UCR bzw. CR)

- Schematische Darstellung
  1) Bevor gelernt wurde: UCS (lautes Geräusch) → UCR (Angst)
  2) Lernvorgang: UCS (lautes Geräusch) + NS (Ratte) → UCR (Angst)
  3) Lernergebnis: CS (Ratte) → CR (Angst)

- Generalisierung: Entwicklung von Angst vor dem Nikolaus (weißer, fellähnlicher Bart → weiße Ratte)

- Kritikpunkte, u.a.
  1) Ungenaue Dokumentation (z.B. keine Analyse des Daumenlutschens → auch konditioniert?)
  2) Experiment oder Demonstration?
  3) Moralische Bedenken

3.3.2. Der Fall Peter (1924) – Der Abbau von Angst *oder* Gegenkonditionierung und Desensibilisierung

- Ausgangslage: Peter (3 Jahre) hat Angst vor Kaninchen und anderen Pelztieren

- Lernexperiment: Abbauen der Angst durch einen positiven Reiz (Geben von Speiseeis) bei Erblicken des Hasen (= Gegenkonditionierung) und Heranrücken des Hasenkäfigs an Peter von Tag zu Tag (= Desensibilisierung bzw. Prinzip der schrittweisen Annäherung)

- **Guthers Schwellenmethode** bei Desensibilisierung: Ersatz unerwünschter Reaktionen bzw. Gewohnheiten; hier: Abbau der Angst und **Guthers Methode inkompatibler Reize** bei Gegenkonditionierung; bei aversiv, aber auch bei positiv erlebten Reiz-Reaktions-Verbindungen möglich

- Anwendung der Schwellenmethode in der klinischen Psychologie (Teilgebiet der angewandten Psychologie): Abbau unerwünschter Verhaltensweisen (z.b. exzessiver Alkoholkonsum) durch Verbinden des unerwünschten Verhaltens mit unangenehmen Gefühlen; Beispiel: präpariertes alkoholisches Getränk, das Übelkeit verursacht; Problem: Ethik

- Anwendung von Guthers Ermüdungsmethode beim Flooding/Implosionstherapie: Intensive Darbietung des angstauslösenden Reizes → Überstrapazierung des Angstreflexes → körperliche Erschöpfung und Hemmung der Reflexbereitschaft

3.3.3. Reiz-Reaktions-Lernen im schulischen Bereich anhand von Modellvorstellungen

- Ziel der Lehrkräfte: Erlangung präziser theoretischer Kenntnisse zur Einschätzung der Effekte ihrer erziehenden Aktionen

- Prinzipien
  1) Vermeidung unkonditionierter (UCS) und konditionierter (CS) Angstauslöser
  2) Schaffen einer Atmosphäre von Sicherheit (positive Situation und Atmosphäre)
  3) Sukzessive Anspruchssteigerung als Form der Desensibilisierung
  4) Kritische Prüfung des eigenen Verhaltens
  5) Lernmotivation durch interessante und attraktive Lernangebote

- Beispiel 1: Prüfungsangst
  1) Ausgangslage: Brechreiz bei jungen SuS als Folge von Prüfungsangst
  2) Ursache: Erkennen eines Zusammenhangs zwischen Prüfungsergebnissen und Gefühlen des Misserfolgs durch SuS aufgrund möglicher Resultate eines schlechten Prüfungsergebnisses: Bestrafung durch Lehrer oder Eltern oder Spott der MitschülerInnen
  3) CS (Ankündigung Prüfung) → CR (Angst)

- Beispiel 2: Symbolschock
  1) Ausgangslage: „Symbolschock" beim ersten Sehen mathematischer Symbole
  2) Ursache: Anblick der Symbole + Kopplung mit schwierigen Inhalten → negative Gefühle + Blockierung eines wirkungsvollen Lernens
  3) CS (Erblicken von Symbolen) → CR (Angst)

- Beispiel 3: Tadel des Lehrers (Konditioniere Reaktion höherer Ordnung)
  1) Bevor gelernt wurde: UCS (Kind anschauen) → UCR (Angst)
  2) Lernvorgang: UCS (Kind anschauen) + NS (Tadel des Lehrers) → UCR (Angst)
  3) Lernergebnis: CS (Tadel des Lehrers) → CR (Angst)

- Beispiel 4: Stirnrunzeln (Konditionierte Reaktion höherer Ordnung)
    1) Bevor gelernt wurde: UCS (Tadel) → UCR (Angst)
    2) Lernvorgang: UCS (Tadel) + NS (Stirnrunzeln) → UCR (Angst)
    3) Lernergebnis: CS (Stirnrunzeln) → CR (Angst)

- Beispiel 5: Lob und LehrerIn (Aufbau eines positiven Aufforderungscharakters (R+)) – auch Aufbau eines negativen Aufforderungscharakters (R-) möglich
    1) Bevor gelernt wurde: UCS (Lob) → UCR (Freude, Stolz)
    2) Lernvorgang: UCS (Lob) + NS (Lehrer) → Freude, Stolz (UCR)
    3) Lernergebnis: CS (Lehrer) → Freude, Stolz (CR)

3.4. Quizfragen zur Wiederholung der klassischen Konditionierung

Fragen	Antwortmöglichkeiten	Lösung
1 Man unterscheidet zwei Theorien des assoziativen Lernens: Die direkte assoziative Verknüpfung von Bewusstseinsinhalten und das Reiz-Reaktions-Lernen. Als Reiz-Reaktions-Lernen werden u.a. erklärt	a) das Lernen von emotional-motivationalen Reaktionen. b) die Verknüpfung eines Begriffs mit einem Begriffsnamen. c) Paarassoziationen. d) Knoten im Taschentuch.	a
2 Unter bestimmten Bedingungen löst ein Reiz eine Reaktion aus. Für den Erwerb neuer Reiz-Reaktions-Verbindungen ist die ausschlaggebende Bedingung	a) die Verstärkung der Reaktion. b) das Erlernen eines neuen Verhaltens. c) die Kontiguität zweier Reize. d) die Einsicht in die Bedeutung des Reizes.	c
3 Nach Abschluss des Lernvorgangs ist der dann bedingte Reiz in der Lage, die gleiche oder eine sehr ähnliche Reaktion auszulösen wie der unbedingte Reiz. Diese Erscheinung nennt man	a) ein wiederholtes Vorkommen des neutralen Reizes. b) ein wiederholtes Vorkommen der bedingten Reaktion. c) ein wiederholtes Zusammenvorkommen des Reizes und der Reaktion. d) ein wiederholtes Zusammenkommen des neutralen und des unbedingten Reizes.	d
4 Der Aufbau einer bedingten Reaktion vollzieht sich meist nicht in einem einzigen Lerndurchgang. Unter Bekräftigung versteht man	a) ein wiederholtes Vorkommen des neutralen Reizes. b) ein wiederholtes Vorkommen der bedingten Reaktion. c) ein wiederholtes Zusammenkommen des Reizes und der Reaktion. d) ein wiederholtes Zusammenkommen des neutralen und unbedingten Reizes.	d
5 Den Abbau einer Reiz-Reaktions-Verbindung nennt man Löschung oder Extinktion. Löschung findet statt, wenn	a) die Reaktion zu häufig ausgelöst wird. b) mehrfach der bedingte Reiz ohne den unbedingten Reiz dargeboten wird. c) zwischen den Versuchsdurchgängen eine längere Pause eintritt. d) die emotional-motivationale Reaktion zu schwach ist.	b
6 Generalisierung und Differenzierung sind entgegengesetzt wirkende Vorgänge. Bei der Reiz-Generalisierung ist	a) ein Reiz in der Lage, eine ähnliche bedingte Reaktion auszulösen b) ein dem bedingten Reiz ähnlicher Reiz ebenfalls in der Lage, die bedingte Reaktion auszulösen. c) kommt es zu keiner klaren Verhaltensweise. d) die Ähnlichkeit zwischen unbedingtem Reiz und bedingtem Reiz ohne Bedeutung.	b
7 Unter bedingten Reaktionen höherer Ordnung versteht man Ketten von einzelnen bedingten Reaktionen. Das wesentliche Merkmal dieser Erscheinung besteht darin, dass	a) ein neuer Reiz mit einem bereits bedingten Reiz gekoppelt wird. b) keine Bekräftigung nötig ist. c) der auslösende Reiz eine bestimmte Intensität aufweisen muss.	a

		d) diese Erscheinung nur bei emotional-motivationalen Reaktionen beobachtet wird.	
8	Bei der Gegenkonditionierung kann entweder eine aversiv erlebte Reiz-Reaktions-Verbindung durch Darbietung eines Sicherheitsreizes oder eine positiv erlebte Reiz-Reaktions-Verbindung durch Darbietung eines aversiven Reizes beeinflusst werden. Diese Gegenkonditionierung	a) überschreitet den Rahmen des assoziativen Lernens. b) unterscheidet sich in keinem Punkt vom Normalfall der Konditionierung. c) ist nur in Verbindung mit therapeutischen Maßnahmen erfolgsversprechend. d) kann eingeordnet werden als Löschung.	b
9	Angst kann direkt durch unbedingte und bedingte Angstauslöser und indirekt durch Verschwinden eines Sicherheitsreizes hervorgerufen werden. Direkte, bedingte Angstauslösung findet statt	a) beim Auftreten eines Schmerzreizes. b) bei Atemnot während eines Asthmaanfalls. c) bei Androhung einer empfindlichen Strafe. d) beim Verirren in einem Wald.	c

4. Das operante Konditionieren: „Instrumentelles Lernen"
- Skinner als Begründer des operanten Konditionierens

- Wie klassisches Konditionieren eine Form des assoziativen Lernens, aber: Basis hier nicht Reiz-Reaktion, sondern Verhalten-Konsequenz und operantes Konditionieren als starke Erweiterung des klassischen Konditionierens, da diese nur einen beschränkten Teil des menschliche und tierischen Verhaltens abdecken kann

- Lernen ist ein Instrument, um etwas (einen befriedigenden Zustand) zu erreichen

respondentes Verhalten = klassisches Konditionieren (Pawlow)	operantes Verhalten = operantes Konditionieren (Skinner)
- Bestimmung durch vorhergehende Reize - Respondentes Verhalten als Reaktion auf Reize - Typ-S-Lernen (S = Stimulus = Reiz)	- Bestimmung durch nachfolgende Konsequenzen - Basis: Thorndikes *law of effect*: Wahrscheinlichere Wiederholung von Verhaltensweisen mit angenehmer Konsequenz als von Verhaltensweisen mit negativen Folgen - Voraussetzung: operantes Verhalten, das keine erkennbaren Auslöser hat = spontan - Typ-R-Lernen (R = Reinforcement = Verstärkung)

- Grundannahme des operanten Konditionierens: Das Verhalten ist auf eine Steigerung des Wohlbefindens und Verminderung von Schmerz ausgerichtet

4.1. Prinzipien des operanten Konditionierens
- Verstärkung: Verstärkung sind alle Konsequenzen, die die Auftrittswahrscheinlichkeit eines Verhaltens erhöhen = Dem Verhalten folgt ein positives (belohnendes) Ereignis. Die künftige Auftretenswahrscheinlichkeit eines Verhaltens wird durch seine bereits vorerlebte Konsequenzen bestimmt. ↔ Verstärkung beim klassischen Konditionieren: Anzahl der Paarungen zwischen dem neutralen Reiz (NS) und dem unkonditionierten Reiz (UCS)

positive Verstärkung	negative Verstärkung ≠ Bestrafung	
Darbietung eines angenehmen Reizes	Beseitigung eines unangenehmen (aversiven) Reizes (z.B. Schmerz, Schimpfen, Nörgeln) Relevanz bei Flucht- und Vermeidungslernen	
	Vermeidungslernen	**Fluchtlernen**
	Schüler nimmt bei Kopfschmerzen eine Tablette und wird negativ verstärkt (Verschwinden des Schmerzes). Einnahme der Tablette vor dem Unterricht zur Vermeidung der Schmerzen = Vermeidungslernen: Der Schüler lernt das *Verhalten Ein-*	Schulschwänzen als Fluchtlernen

	nahme von Tabletten durch negative Ver-stärkung.	

- Bestrafung: Bestrafung umfasst alle Konsequenzen, die zur Unterdrückung eines Verhaltens führen

Bestrafung I = Präsentationsbestrafung	Bestrafung II = Entzugsbestrafung
Hinzufügen eines aversiven (unangenehmen) Reizes	Beseitigung eines angenehmen Reizes

- Differenzierung in drei formale Verstärker

Primäre Verstärker	Sekundäre Verstärker
Beruhen auf Grundbedürfnissen eines Organismus. Sie sind nicht erlernt, sondern wirken verstärkend (z.b. Nahrung, Sex)	Beruhen auf der assoziativen Paarung mit primären Verstärkern und sind erlernt (z.b. Geld, Lob, Einfluss)

- Verstärkungspläne

kontinuierliche Verstärkung/Immerverstärkung	intermittierende/gelegentliche Verstärkung		
kontinuierliche Verstärkung bei jeder korrekten Reaktion. Verstärkung eines Verhaltens beschleunigt Verhaltensaufbau → gute Eignung für Beginn einer Lernphase	keine kontinuierliche Verstärkung eines Verhaltens, sondern in bestimmten Abständen → gute Eignung, wenn das gewünschte Verhalten bereits aufgebaut ist (= Fading out)		
Löschungsresistenz: geringe Löschungsresistenz, da relativ schneller Abbau	**Quotenverstärkung**	**Intervallverstärkung**	**Abergläubische Verstärkung**
	Verstärkung erfolgt nach Quoten, z.B. jede 10. Reaktion (Quotenplan 10:1)	Verstärkung erfolgt in zeitlichen Abständen, z.B. alle 5 Minuten	Verstärkung in festen Zeitabständen, egal was passiert
	Fixierte oder variable Verstärkung möglich, d.h. Verstärkung jeder 5. Reaktion oder Verstärkung im Mittel der 5.Reaktion Löschungsresistenz: hohe Löschungsresistenz, da relativ langsamer Abbau		

- Fading out: Intermittierende/gelegentliche Verstärkung am Ende eines Lernprozesses bzw. langsames Entfernen von Hilfsmitteln/Verstärkern

- Shaping (= Verhaltensformung): Aufbau komplexer Verhaltensabläufe durch stufenweise Annäherung an eine gewünschte Verhaltensweise; nötig, da Verhaltensweisen nicht immer gleich perfekt ausgeführt werden → anfängliche Verstärkung jedes Verhaltens, das in Richtung des gewünschten Verhaltens weist → Aufbau von Verhaltensketten; Bezug zu Kindern/SuS (Spracherwerb): Loben des Kindes für jeden Laut, später nur für jedes Wort oder jeden Satz

- Verhaltensketten/Chaining: meist Lernen der Ketten vom Ende her; große Relevanz im Alltag z.B. beim Anfahren eines Autos mit anschließender Verstärkung der Kette durch abschließenden Erfolg: instrumentelles Lernen → gewohnheitsmäßigem Lernen

- Generalisierung: Anwendung von zuvor gelerntem Verhalten in ähnlichen Situationen ↔ Reizgeneralisierung bei der klassischen Konditionierung

- Fremd- und Selbststeuerung/Selbstverstärken: Verhaltenssteuerung ohne erkennbare äußere Verstärkung = Selbststeuerung/Selbstverstärkung mit folgenden Teilschritten
    1) Selbstbeobachtung
    2) Selbstbewertung

3) Selbstverstärker
- Löschung vs. Vergessen: Löschung als Ergebnis eines experimentellen oder geplanten Prozesses durch Ausbleiben von Verstärkung; Vergessen als ein natürlicher Vorgang → Löschen ≠ Vergessen

- Spontanerholung: Gelöschtes Verhalten tritt unerwartet und plötzlich wieder auf

- Operanten: Reaktionen, die von einem Organismus ausgelöst werden

- Respondenten: Reaktionen, die durch einen Stimulus (Reiz) ausgelöst werden (Klassische Konditionierung)

- Symbolische Verhaltensregulierung: Erkenntnis, dass nicht nur Verstärkung selbst, sondern auch die kognitive Repräsentation des Verhaltens einen Organismus beeinflusst

- Kontingenz: Was folgt dem zu lernenden Verhalten nach? *oder* Beziehung zwischen Verhalten und Konsequenz bzw.
  1) Umstände, unter denen das Subjekt handelt
  2) Konsequenzen seiner Handlung

4.2. Verfahren der (pädagogischen) Verhaltensmodifikation
4.2.1. Möglichkeiten zum Verhaltensaufbau – Positive Kontingenzen
- Gewünschte Verhaltensweisen können durch positive und negative Verstärkung gefördert werden. Man differenziert dabei vier Verstärker:

	Materielle Verstärker	Soziale Verstärker (verbal oder nonverbal)	Informationelle Verstärker	Tätigkeitsverstärker, das Premack-Prinzip
Erläuterung	Belohnung des erwünschten Verhaltens durch Materielles	Belohnung des erwünschten Verhaltens durch Lob, Aufmerksamkeit, Zuwendung, etc.	Die Lerntätigkeit selbst kann als verstärkend erlebt werden	Beliebte Aktivitäten (= Verhaltensweisen, die mit höherer Wahrscheinlichkeit auftreten) dienen als Verstärker für weniger beliebte Tätigkeiten (= Verhalten, das mit geringerer Wahrscheinlichkeit auftritt): *Erst die Arbeit, dann das Vergnügen!*
Schulbezug	Häufige Anwendung des *Token-Systems* (Münz-System): Belohnung des erwünschten Verhaltens durch Tokens, die gegen reale Verstärker eingetauscht werden können	Wichtig ist hierbei die „Echtheit" des Erziehers (Tausch&Tausch)	Ansprechende Unterrichtsgestaltung durch die Lehrkraft	Beispiel Deutschunterricht: Erst Grammatik, dann kreatives Schreiben oder Gruppenarbeit → Probleme: 1) SuS lernen unterschiedlich bei gleichen Arbeitsformen 2) Anwendung des deduktiven Lernens

- Festhalten des erwünschten Verhaltens und der versprochenen Verstärker in Kontingenzverträgen (z.B. zwischen SuS und Lehrkraft)
  o Positive Formulierung, transparent und gerecht
  o Hohe Effektivität bei Aushandlung durch beide Vertragsparteien
  o Anwendung vor allem bei hoher Aversivität (gespanntes Verhältnis zwischen beiden Vertragspartnern)
  o Problem: Tauschcharakter, also die Bezahlung von positivem Verhalten

4.2.2. Möglichkeit zum Verhaltensabbau – Bestrafung und operante Löschung: Aversive Kontingenzen

- Grundsatz: Der Abbau unerwünschter Verhaltensweisen sollte immer mit dem Aufbau positiven Verhaltens verbunden sein

- Möglichkeit 1: Die Bestrafung
  - o Häufige Anwendung von Strafe, aber Bestreiten ihrer Wirksamkeit: Strafe führt nicht zum Abbau, sondern zur situationsspezifischen Unterdrückung unerwünschter Verhaltensweisen; Estes (1944): Experiment mit Ratten → Nicht-Verstärkung führt zu stabilerer Verhaltensänderung als Bestrafung
  - o Gefahren und Folgen von Strafe nach Tausch&Tausch
    1) Aufmerksamkeitsfokus auf unerwünschter Verhaltensweise ohne Darbietung positiver Alternativen → geringe Wahrscheinlichkeit einer positiven Verhaltensweise
    2) Bestrafung verhindert Löschung → keine Löschung, sondern nur Unterdrückung des Verhaltens
    3) Verbindung der Strafe nicht mit dieser selbst, sondern mit dem Strafenden (= Generalisierung der Bestrafung auf den Bestrafenden) → z.B. Schulangst
    4) Strafender Erzieher als negatives Modell für aggressives Verhalten
    5) Oftmals willkürliche bzw. nicht klar nachvollziehbare Bestrafung → Gelernte Hilflosigkeit
  - o Notwendige Berücksichtigung folgender Aspekte
    1) Unmittelbarkeit der Strafe nach unerwünschtem Verhalten zu Beginn einer Verhaltenskette
    2) Verbindung der Strafe mit einer Begründung
    3) Aufzeigen positiver Alternativen
    4) Zunehmende Wirkungslosigkeit der aversiven Reize durch Gewöhnung → Variation
    5) Anwendung „natürlicher Konsequenzen"
    6) Androhung von Strafe oftmals ausreichend → höchste Effektivität bei „sanften" (= nicht öffentlichen) Ermahnungen
    7) Bestrafung weniger effektiv als Verstärkung

- Möglichkeit 2: Operante Löschung
  - o Operante Löschung = konsequente Nicht-Verstärkung des unerwünschten Verhaltens (Ignorieren bzw. weder Verstärkung noch Bestrafung); Vorteil: Nachhaltigkeit; Nachteil: schwere Umsetzbarkeit in der Praxis (Zeit!)
  - o Identifizierung und Löschung aller bisherigen Verstärker, ansonsten: keine Löschung, sondern intermittierende Verstärkung → kontraproduktiv, da Erhöhung der Löschungsresistenz; Bezug zur Schule: kaum umsetzbar, da u.a. auch Eltern und MitschülerInnen verstärkend wirken
  - o Nicht-Verstärkung bewirkt zunächst eine Zunahme des Verhaltens und nimmt nach einiger Zeit ab → bei akuten Problem kaum Zeit für operante Löschung

4.3. Operante Konditionierung im schulischen Alltag – eine Zusammenfassung
- Intuitive Anwendung der Prinzipien des operanten Konditionierens durch die Lehrkraft, aber: oftmals fehlende Kenntnis ihrer Wirkungen

- Hohes Aufkommen von Bestrafungen im Schulalltag (Verweise, Nachsitzen, Strafarbeiten, etc.) ↔ i.d.R. geringes Aufkommen von Verstärkung, obwohl effektiver (vgl. 4.2.2)

- Subjektive Auffassung der Bestrafungen: Ermahnungen womöglich nicht als Strafe, sondern als Schenken von Aufmerksamkeit → „Bestrafung" als sozialer Verstärker

- Ineffektivität der Bestrafung bei Verabreichung und späterer Zurücknahme

- Paradigma des Behaviorismus: Bestimmung des Verhaltens durch vorhergehende Reize und/oder Konsequenzen → Vereinfachung, da keine Berücksichtigung kognitiver Aspekte (vgl. Tabelle 2.3)

- Das Klassenzimmer ist keine Skinner-Box!
    1) Beschränkung der Mittel des Lehrers
    2) Nicht nur Lehrer als Verstärker oder Bestrafer, sondern z.b. auch die Eltern oder die Mit-schülerInnen

- Komplexität des operanten Konditionierens anhand der Sorck-Gleichung nach Kanfer & Phillips (Erweiterung des operanten Konditionierens zur systematischen Verhaltensänderung): S (Stimulus) → O (Organismus) → R (Reaktion) → C (Kontingenz) → K (Konsequenz)

- Die kooperative Verhaltensmodifikation nach Redlich & Schley: Vorschlag einer enger Zusammenarbeit zwischen der Lehrkraft und den SuS; Problem: erhebliche Mehrbelastung für Lehrkraft (z.B. Beratungsgespräche)
    1) Gemeinsame Festlegung der Ziele der Verhaltensänderung
    2) Gemeinsame Überprüfung der Erreichung bzw. Nicht-Erreichung des Ziels
    3) Weitestgehender Verzicht auf externe Verstärker → Zielerreichung selbst als positiver Verstärker

- Implikationen des instrumentellen Lernens für den Unterricht
    1) Verhaltensmodifikation im Unterricht (vgl. oben)
    2) Münzverstärkungsprogramme (token systems) (vgl. 4.2.1)
    3) Kontingenzverträge (vgl. 4.2.1)
    4) Programmierter Unterricht

- Allgemeine Kritik am behavioristischen Ansatz
    1) Nur bedingte Erklärung des menschlichen Verhaltens möglich, z.B. keine Berücksichtigung der Rolle der Veranlagung oder keine plausible Erklärung, warum eine Verhaltensweise zum ersten Mal auftritt. Die These, dass alle Lernprozesse durch die Kopplung von Reizen bzw. dem *Versuch und Irrtum*-Prinzip (Thorndike) unterliegen, ist wenig überzeugend.
    2) Höhere kognitive Leistungen wie Wissenserwerb oder Problemlösen können weder als respondentes (vgl. klassische Konditionierung), noch als operantes (vgl. operantes Lernen) Verhalten erklärt werden.
    3) Die vorgeschlagenen Methoden zur Verhaltensmodifikation zielen lediglich auf eine Änderung des Verhaltens, nicht der Einstellung ab. Verstärkung und Bestrafung fördern lediglich die extrinsische Motivation, die intrinsische Motivation hingegen bleibt unberücksichtigt.
    4) Kognitive und emotionale Komponenten des Lernens bleiben unberücksichtigt. Weiterführende Begriffe: *overjustification effect, insufficient punishment, Bem's Selbstwahrnehmungstheorie, Festinger's Theorie der kognitiven Dissonanz*

4.3.1. Exemplarisches Beispiel: Das Tokensystem
- Tokens als generalisierte Verstärker, z.B. Spielgeld, Goldsterne → an sich ohne Wert; Werterlangung durch Eintauschen

- Die drei Annahmen des Tokensystems

1) Tokens Erlangen Verstärkerwirkung durch Assoziation mit einer Vielzahl von Verstärkern
2) Die kontinuierliche Paarung von Lehrerlob mit Tokens und Verstärkern macht Lehrerlob zu einem positiven Verstärker
3) Ist Lehrerlob zu einem positiven Verstärker geworden, kann das Tokensystem schrittweise ausgeblendet werden.

- Grundregeln für die Anwendung
  1) Nur am Anfang soll die Möglichkeit bestehen, Tokens schon nach kurzer Zeit in Primärverstärker umzutauschen. Da die Tokens mit der Zeit selbst zu Sekundärverstärkern werden, können spätere längere Umtauschintervalle gewählt werden.
  2) Um das System für den Lehrer ökonomischer werden zu lassen, können für SuS mit ähnlichen Problemverhalten Gruppenkontingenzen eingeführt werden. Bei Gruppenkontingenzen wird die SuS-Gruppe als Einheit betrachtet; es werden entweder alle Gruppenmitglieder verstärkt oder überhaupt kein Mitglied

- Anwendbarkeit: wohl vor allem im Grundschulbereich, weniger gut bei älteren SuS

- Die 6 Phasen des Tokensystems (Rost, 2006)
  1) Definition, Präzisierung, pädagogische Begründung von Verhalten → Operationalisierung von Ausgangs- und Endverhalten (Zielverhalten)
  2) Auswahl von Eintauschverstärkern
  3) Zuordnung von Verhaltensweisen – Token-Eintauschverstärkern; Festlegung von Kontrollprozeduren → Definition des Token-Maximus und der Punktzahl für Eintauschverstärker
  4) Einführung → Umstrukturierung der üblichen sozialen Interaktion
  5) Korrektur → Optimierung des Systems
  6) Ausblendung, Generalisierung

	Fragen	Antwortmöglichkeiten	Lösung
1	Man spricht von instrumentellem Konditionieren, weil das erlernte Verhalten das Instrument ist, das bestimmte Konsequenzen hervorruft. Die Beziehung zwischen dem Verhalten und seinen Folgen nennt man:	a) Kontiguität b) Motivation c) Kontingenz d) Differenzierung	c
2	Instrumentelles Lernen ist situationsspezifisch. Dies bedeutet, dass das erlernte Verhalten	a) nur in spezifischen Situationen gelernt werden kann. b) nur in einer der ursprünglichen Lernsituationen ähnlichen Situationen gezeigt wird. c) nicht geformt werden kann, da das neue Verhaltensmuster der ursprünglichen Lernsituation nicht mehr entspricht. d) eigentlich nicht wiederholbar ist, da keine Situation der anderen exakt gleich ist.	b c
3	Ein *operant* bei Skinner ist	a) ein Verhalten, das von selbst entsteht. b) das Lernergebnis beim operanten Konditionieren. c) ein methodisch gezielter Eingriff von Skinner in ein Lernexperiment. d) der Wirkmechanismus des Lernens beim operanten Konditionieren.	a
4	Der Vorgang der Verstärkung führt zu einer Erhöhung der Auftretenswahrscheinlichkeit des Verhaltens. Als Verstärkung wirken	a) nur die Darbietung einer positiven Konsequenz, nicht aber das Verschwinden eines aversiven Reizes. b) nur das Verschwinden eines aversiven Reizes, nicht aber die Darbietung einer positiven Konsequenz. c) sowohl die Darbietung einer positiven Konsequenz als auch das Verschwinden eines aversiven Reizes.	c

		d) sowohl die Darbietung einer positiven Konsequenz als auch die Darbietung eines aversiven Reizes.	
5	Bei der positiven Verstärkung wird eine rasche und zuverlässige Etablierung eines Verhaltens und hohe Widerstandsfähigkeit gegenüber Löschung durch einen bestimmten Verstärkungsplan gewährleistet. Es muss	a) möglichst immer verstärkt werden. b) nur gelegentlich verstärkt werden. c) am Anfang gelegentlich, dann aber immer verstärkt werden. d) am Anfang immer, dann nur noch gelegentlich verstärkt werden.	d
6	Bei der negativen Verstärkung unterscheidet man u.a. zwei Formen: das Flucht- und das Vermeidungslernen. Von Vermeidungslernen spricht man, wenn	a) die Person direkt mit dem aversiven Ereignis konfrontiert wird und Maßnahmen ergreift, diesem zu entkommen. b) die Person aufgrund von diskriminativem Lernen grundsätzlich aversiven Konsequenzen meidet. c) eine Person, durch einen Hinweisreiz (= Jetzt geht's los!) gewarnt, rechtzeitig ein Ausweich- oder Vorbeugungsverhalten zeigt. d) es eine Person wegen der aversiven Konsequenzen meidet, ein bestimmtes Verhalten zu zeigen	c
7	Der Vorgang der Bestrafung führt zur Verminderung der Auftretenswahrscheinlichkeit des Verhaltens. Als Bestrafung wirken	a) sowohl die Darbietung eines aversiven Reizes als auch die Wegnahme eines positiven Reizes. b) sowohl die Wegnahme eines positiven Reizes als auch die Wegnahme eines aversiven Reizes. c) nur die Darbietung eines aversiven Reizes, nicht aber die Wegnahme eines positiven Reizes. d) nur die Wegnahme eines positiven Reizes, nicht aber die Darbietung eines aversiven Reizes.	a
8	Neben der Bestrafung ist die Löschung das zweite Verfahren zum Abbau von Verhalten. Löschung findet statt bei	a) Wechsel von Verstärkung und Bestrafung b) unregelmäßiger Darbietung eines positiven Verstärkers. c) Darbietung eines aversiven Reizes. d) Ausbleiben von Verstärkung.	d
9	Komplexe Verhaltensmuster können nicht immer gleich perfekt ausgeführt werden. In solchen Fällen ist eine Verhaltensformung (Shaping) nötig. Hierbei ist besonders darauf zu achten, dass	a) zu Beginn eine Immerverstärkung gewährleistet ist. b) jeweils solche Verhaltenssätze verstärkt werden, die sich dem Endverhalten annähern. c) Bestrafung möglichst vermieden wird. d) die Lernprozedur nicht zu aufwendig ist.	b
10	Der Wirkmechanismus des Lernens bei Thorndike ist	a) Bekräftigung b) Verstärkung c) Kontiguität d) die Einsicht in den Mechanismus des Käfig-Öffnens.	b

5. Erlernte Hilflosigkeit nach Martin Seligman

- Grundlage: Unfähigkeit von Hunden in einer Situation, in der sie Elektroschocks theoretisch vermeiden konnten, diesen zu entgehen, da sie zuvor einer unkontrollierbaren Situation (willkürliche Elektroschocks) ausgesetzt waren. Sie waren unfähig, die zugrunde liegenden Kontingenzen (vgl. 4.1) zu lernen.

- Zusammenhang zwischen Hilflosigkeit, Angst, Depression und Apathie

- „Hilflosigkeit ist der psychologische Zustand, der häufig hervorgerufen wird, wenn Ereignisse unkontrollierbar sind." (Seligman nach Lukesch) Dies gilt, wenn ein Organismus grundsätzlich willentliche Handlungen vornehmen könnte, die zur Belohnung oder Bestrafung führen. Durch aktive Kontrolle ist Immunisierung gegen Hilflosigkeit bei Menschen oder Tieren möglich.

- Erlernte Hilflosigkeit resultiert aus mehreren Misserfolgserlebnissen in einer unkontrollierbaren Situation, welche folgende Konsequenzen nach sich ziehen kann (Seligman nach Lukesch):

1) Kognitives Defizit: Auch wenn ein hilflos gemachter Organismus der unangenehmen Situation entfliehen kann, hat er Schwierigkeiten, seine Reaktion einzuschätzen und zu behalten. Die erfahrene Hilflosigkeit führt zu einer Generalisierung der Hilflosigkeit. Das Handeln wird durch die Erwartung bestimmt, die Ereignisse nicht kontrollieren zu können. Daraus resultieren das motivationale Defizit und die affektive Konsequenz.

2) Motivationales Defizit: Organismus unter traumatischen Bedingungen verliert Motivation zum Handeln bei neuem Eintritt in solche traumatisierenden Bedingungen. Folge: Apathie, Resignation, Passivität

3) Affektive Konsequenz: Störung des emotionalen Gleichgewichts: Angst, Niedergeschlagenheit, Verstimmung und Depression

- Der Attributionstheorie zufolge ist erlernte Hilflosigkeit die Folge pessimistischer Attributionsstile. Bei der Klärung ihrer Ursache unterscheidet man drei Dimensionen
  1) Lokation der Ursache: internal vs. external – Ein Verlust des Selbstwertgefühls ist nur dann zu erwarten, wenn eine Person sich selbst für den Misserfolg verantwortlich macht
  2) Globalität der Ursache: global vs. Spezifisch – Zu einer Generalisierung kommt es nur, wenn der Misserfolg auf globale Ursachen zurückgeführt wird (z.b. auf generelle Unfähigkeit und nicht auf eine spezifische Schwäche)
  3) Stabilität der Ursache: zeitstabil vs. Zeitinstabil – Dauerhaft ist die gelernte Hilflosigkeit nur dann, wenn sie auf stabile Ursachen (z.b. auf die eigene Fähigkeit und nicht auf die Anstrengung) zurückgeführt wird.

- Pädagogische Konsequenzen: Ziel der Lehrkraft soll u.a. sein,
  1) den Schülern positive Attributionsmuster nahe zu legen,
  2) auf willkürliche Bestrafung zu verzichten und
  3) Möglichkeiten zur Verhaltensänderung aufzeigen

6. Sozial-kognitive-Lerntheorie: „Modelllernen"
   6.1. Die sozial-kognitive Lerntheorie nach Bandura
   - Lernprozesse, die auf der Beobachtung und Nachahmung anderer Personen beruhen → Bezeichnung als Beobachtungs- und Imitationslernen

   - „Unter Beobachtungslernen (Modelllernen) ist zu verstehen, dass sich das Verhalten eines Individuums auf Grund der Wahrnehmung von Verhaltensweisen anderer Personen (sog. Modelle) oder aufgrund verbaler Darstellung über das Verhalten anderer Personen ändert, und zwar in Richtung größerer Ähnlichkeit mit dem beobachteten oder aufgrund verbaler Übermittlung vorgestellten Verhaltens." (Tausch & Tausch, 1971, S. 49)

   - Modelllernen als Schnittstelle zwischen den klassischen behavioristischen Ansätzen und kognitiven Lerntheorien bzw. Ergänzung der behavioristischen Lerntheorien um die Komponente der kognitiven Informationsverarbeitung

Real vermittelte Modelle	Symbolisch vermittelte Modelle
reale Personen	fiktive Personen wie Romanfiguren oder Filmhelden

   - Relevanz des Modelllernens vor allem im Zusammenhang mit sozialen Lernprozessen → Lernen am Modell, welches Verhalten in einer sozialen Situation angemessen (= adäquat) ist und welches nicht: große Bedeutung des Modelllernens für prosoziales- und aggressives Verhalten, d.h. am Modell kann sowohl positiv, als auch negativ gelernt werden

   - Modelllernen = soziales Lernen → eine dem reinen Imitationslernen übergeordnete Lernform

   - Differenzierung von drei Lerneffekten

- Kontrollierung des menschlichen Verhaltens im wesentlichen durch 3 Systeme

	Verhaltenskontrollsystem 1	Verhaltenskontrollsystem 2	Verhaltenskontrollsystem 3
Beschrei-bung	Reizkontrolle (bestimmte Verhaltensweisen stehen unter direkter Kontrolle von Reizen; Beispiel: Reflexe, Schreckreaktionen)	Operante Kontrolle; Verhalten wird von seinen Konsequenzen bestimmt	Symbolische Kontrolle; Menschliches Verhalten wird von Vorstellung und Denkprozessen beeinflusst
Bezeich-nung	Reiz-Reaktions-Lernen	Instrumentelles Lernen	Modelllernen = Integration behavioristischer und kognitiver Positionen
Vertreter	Pawlow	Skinner	Bandura

- Modellierung – Nachahmung- und Identifikationsprozesse in der Theorie des sozialen Lernens; Zuordnung der Modellierungseinflüsse zu drei unterschiedlichen Lerneffekten

	Neuerwerb von Verhaltensweisen (modellierender Effekt)	Der hemmende- und enthemmende Effekt	Der auslösende Effekt
	Neues Verhalten	Modifizierung bereits erlernter Verhaltensweisen	
Beschreibung	Erlernen von Verhaltensweisen am Modell, welche vorher unbekannt waren	Häufigeres oder selteneres Auftreten von bereits bekannten Verhaltensweisen nach Beobachtung des Modells	Nachahmung einer bereits bekannten Verhaltensweise unmittelbar nach Ausführung diese durch das Modell (Hinweisreiz); allgemeiner formuliert: häufigeres Auftreten von Reaktionen derselben allgemeinen Kategorie
Beispiel	• Autofahren • Aggressives Verhalten führt zu Erfolg oder wird belohnt	• zunehmende oder abnehmende Gewalt: SchülerIn ist bereits aggressiv und sieht bei einem anderen ebenfalls aggressiven Schüler/einer anderen Schülerin diese Verhaltensweise belohnt/bestraft wird	• Klatschen im Konzert (unmittelbar) • Übernahme von Modeerscheinungen (zeitlich versetzt) • Schüler lernt durch Beobachten eines anderen Schüler/einer anderen Schülerin, wann aggressive Verhaltensweisen gegenüber einer Lehrkraft Erfolg hat oder keinen

- Wichtigste Theorie zum Modelllernen: sozial-kognitive Theorie von Bandura
  1) Grundannahme: Abhängigkeit der Nachahmung eines Verhaltens sowohl von internalen- (kognitive Ereignisse), als auch externalen (Reaktion auf die Umwelt) Bedingungen → Verbindung kognitiver und verhaltenstheoretischer Aspekte → Verhaltenskontrollsysteme:
     1) Stimuluskontrolle
     2) Ergebniskontrolle
     3) Symbolische Kontrolle
  2) Erkenntnis, dass Lernen nicht nur durch direkte Erfahrung von Kontingenzen, sondern auch durch die Beobachtung von Erfahrungen anderer Personen stattfindet
  3) Abhängigkeit der Nachahmung eines modellierten Ereignisses von 4 Prozessen, bei denen man zwischen einer Aneignungsphase (Aufmerksamkeits- und Gedächtnisprozesse/Behaltensprozesse = Einprägung) und einer Ausführungsphase (Motorische Reproduktions- und Motivationsprozesse) unterscheidet. Dabei wirken verschiedene Arten von Verstärkung, aber auch Kontiguität

Aufmerksamkeitsprozesse		Gedächtnisprozesse	Motorische Reproduktionsprozesse	Motivations- bzw. Verstärkungsprozesse		
Damit ein Modell wirksam werden kann, muss es beachtet werden → entscheidende Rolle von Aufmerksamkeitsprozessen beim Beobachtungslernen. Bestimmung der Aufmerksamkeit durch		Kognitive Verarbeitung und Speicherung im Gedächtnis des beobachteten Verhaltens durch bildliche- oder verbale Repräsentation: aktiver Vorgang → Differenzierung zwischen dem modellierten Verhalten und dessen innerer Repräsentation	Zur Ausführung des beobachteten Verhaltens muss er vorher mental oder physisch geübt werden	Abhängigkeit der Nachahmung des Verhaltens von motivationalen Faktoren. Hierbei unterscheidet Bandura zwischen 3 Arten der Verstärkung		
Merkmale des Modells	**Merkmale des Beobachters**			**Äußere Verstärkung**	**Stellvertretende Verst.**	**Selbstverstärkung**
Prestige, Kompetenz, Attraktivität, etc.	Kompetenz, Motivation, kognitive Kapazität, etc.			Belohnung des Beobachters bei Nachahmung des Verhaltens	Belohnung des Modells	Beruhen auf intrinsischen Anreizen, z.B. Verhalten verschafft hohes Selbstwertgefühl

- Ablaufen der Experimente zum Modelllernen i.d.R. in 3 Schritten
  1) 1. Phase: Registrierung des spontan gezeigten Verhaltens in einer Situation
  2) 2.Phase: Vorführen eines Modells (live, Filme, Geschichten, etc.), das ein bestimmtes Verhalten zeigt
  3) 3.Phase: Überprüfung der evtl. Verhaltensänderung in Abhängigkeit von dem vorgeführten Modell

- Positive Effekte beim Beobachtungslernen – Das beobachtete Verhalten eines Modells wird dann am einflussreichsten sein, wenn
  1) beobachtet wird, dass es verstärkt wird. (vgl. operantes Konditionieren)
  2) das Modell als positiv wahrgenommen wird. (vgl. Erkenntnis Lefkowitz')
  3) es wahrgenommene Ähnlichkeiten zwischen Eigenschaften und Charakteristika des Modells und des Beobachters gibt.
  4) verstärkt wird, dass der Beobachter dem Modell Aufmerksamkeit schenkt.
  5) das Verhalten des Modells sichtbar und auffällig ist, sich also klar vor dem Hintergrund konkurrierender Modelle abhebt.
  6) und es im Bereich der Kompetenz des Beobachters liegt, das Verhalten zu übernehmen.

- Bandura, Ross & Ross (1963): Kindergartenkinder beobachten aggressives Verhalten/aggressive Handlungen bei einem Erwachsenen (Video oder real) → doppelt so häufige aggressive Handlungen wie bei Kindern aus der Kontrollgruppe; Kinder imitierten z.T. exakt die Handlungen des Erwachsenen an einer Plastikpuppe
  → Mädchen imitieren weniger und lassen sich von Bestrafung eher abschrecken als Jungen

- Lefkowitz (1955): Fußgänger laufen öfters bei Rot über die Ampel, wenn es ein gut gekleidetes Modell (hoher Status) es vormacht (99% vs. 86%); Verhalten auch bei einem Modell mit schäbiger Kleidung beobachtbar, aber geringerer Effekt

6.2. Lernen von prosozialem Verhalten – Lernen von Empathie

- Empathie beginnt ganz einfach: sieht etwa ein kleines Kind ein anderes Kind fallen und hört es dieses weinen, so beginnt es ebenfalls zu weinen (Erklärung durch klassisches Konditionieren); wird das Kind versuchen, dem anderen zu helfen, wird es sich wohlfühlen, wenn das andere Kind mit dem Weinen aufhört (Erklärung durch operantes Konditionieren)

- Voraussetzung für eben geschildertes Verhalten ist allerdings, dass die beobachtenden Kinder zur gleichen Zeit Schmerz oder Unlust verspüren mussten wie die betroffenen Partner, und zum anderen mussten die Partner schon sehr deutliche Signale abgeben, damit Hilfehandeln ausgelöst wurde.

- Diejenigen Kinder, die schon sehr frühzeitig prosoziales Handeln zeigten, wurden von Müttern beeinflusst, die affektive Erklärungen abgaben und Hilfehandeln modellierten. Sie sendeten also Signale aus, die ein Mitfühlen, ein stellvertretendes Erleben der Gefühle des anderen Kindes möglich machten (Empathie) → Empathie dürfte also ein durch Beobachtung und Nachahmung erlerntes Verhaltensmuster sein, das allmählich in ein Repertoire prosozialer Verhaltensweisen übergeht.

6.3. Beobachtungslernen und der Einfluss von Medien

- Aktuelle Forschung: In den Medien gezeigte Gewalt erhöht bei manchen Menschen die Wahrscheinlichkeit der Imitation (vgl. Lukesch, 2000); Beispiel: Anstieg von Gewalttätigkeiten nach Boxveranstaltungen oder Anstieg der Selbstmordrate nach Veröffentlichen über Selbstmorde

- Studie von Johnson: Signifikanter Zusammenhang zwischen dem Ausmaß der Fernsehkonsums während der Jugendzeit und dem späteren Auftreten aggressiver Verhaltensweisen unabhängig von Schichtzugehörigkeit, der „Agressionsgeschichte" und dem Einkommen der Familie)

6.4. Selbststeuerung des Verhaltens nach Bandura

	Selbstbeobachtung	Bewertung des eigenen Verhaltens	Bestimmung von Verhaltenskonsequenzen
Beschreibung	Genaue Beobachtung und Protokollierung des eigenen Verhaltens	• Erstellung eines Leistungsstandards durch den festgelegt wird, wie viel man von sich verlangt • Große Abhängigkeit von der Bewertung der Aktivität • Erwachsene als wichtige „Standardsetzer" der Kinder	• Gestatten einer Belohnung nach Erfüllung des gesetzten Standards (materielle Belohnung oder angenehmer emotionaler Zustand) • Bestimmung von negativen Konsequenzen bei Nichterreichung des gesetzten Standards, z.B. Verzicht auf eine attraktive Tätigkeit • Subjektiv erlebte Ursachen eines Ereignisses bestimmen die Art der Verstärkung
Bezug zur Schule	Lese-Pass: Protokollierung der Menge gelesener Bücher zur Woche	Unrealistische Leistungsstandards können Lernstörungen zur Folge haben	

6.5. Interventionsmethoden nach dem Lernen am Modell – Anwendungen in der Schule

Stellvertretende Desensibilisierung	Stellvertretende operante Konditionierung (Stellvertretende Verstärkung, Stellvertretende Bestrafung)
Setzen von hochängstlichen SuS neben weniger ängstliche → Lernen von Bewältigungsstrategien	Nutzen von SuS mit herausragender Stellung in einer Klasse (Modellschüler) zur stellvertretenden Verstärkung bzw. Bestrafung; aber: Erklärung positiv auffallender SuS zum Vorbild problematisch, ebenso beim Negativbeispiel

- Lehrer in hohem Maße als Modell → Achten auf eigene Äußerungen und Verhaltensweisen: Vermeidung von Wutausbrüchen, harter Bestrafung, etc.
  o Innehaben eines hohen Status (Expertenwissen, Sanktionsmacht)
  o i.d.R. Aufbau einer emotional tragfähigen Beziehung zu den Schülern
  o Lehrer verbringen täglich mehrere Stunden am Tag mit den SuS

- Lernen am Modell in der Gruppenarbeit, in Rollenspielen, usw. möglich

- Lernen am Modell in Fächern möglich, bei denen motorisches Handeln nötig ist, z.B. Sport, Musik, technisches Zeichnen, Werken

- Möglichkeit der Nachahmung auch bei kognitiven Fächern möglich, z.B. Beweisführung, Vokabeln lernen

- Beispiele für Lernen am Modell
  o Frühe Kindheit: Entwicklung der Sprache, Übernahme neuer Verhaltensweisen
  o Mittlere Kindheit: Erlernen prosozialen Verhaltens (Empathie)

	Fragen	Antwortmöglichkeiten	Lösung
1	Bandura hat das Modell entwickelt,	a) weil er dem Behaviorismus misstraute. b) weil er die Lerntheorie von Skinner für unbrauchbar hielt. c) weil er neue Inhalte für die amerikanische Lernpsychologie erschließen wollte. d) weil er endlich Handlungsketten lernpsychologisch erklären wollte.	
2	Bandura gliedert den Ablauf bei seiner Lerntheorie	a) unter Ausschluss von positiver und negativer Verstärkung. b) ohne konkrete Handlungsabläufe. c) ohne eigentliches Üben. d) unter Einbezug von Phasen selbstkritischer Überlegungen.	d
3	Ein Mädchen sieht in einer Hollywood-Komödie, wie eine elegante Dame vor einer Maus erschrickt und quiekend auf einen Stuhl springt. Als das Mädchen selbst das nächste Mal im Hof eine Maus sieht, rennt es ins Haus. Das ist nach Bandura am ehesten	a) positive Verstärkung. b) Enthemmungseffekt. c) Auslöseeffekt. d) ein Beispiel für Selbstreflexion.	c
4	Ein kognitives Element in Banduras Theorie ist besonders angesprochen, wenn	a) eine Verstärkung gesetzt wird. b) ein Imitationsereignis gedanklich vorweggenommen wird. c) auf Umweltreize reagiert wird. d) ein Lehrerlob nicht als Verstärker wirkt.	a
5	Aggressives Verhalten ist im Experi-	a) bei Mädchen ohne Ansporn.	

	ment von Bandura 1965 am höchsten	b) bei Mädchen mit Ansporn. c) bei Jungen ohne Ansporn. d) bei Jungen mit Ansporn.	d
6	Lehrer sind	a) schlechte Modelle, weil sie weniger verdienen als Minister. b) als Modell wenig überzeugend, weil sie Anordnung geben. c) gezwungen, Fortbildungen zu besuchen, um als Modell zu wirken. d) mit den SuS so lang zusammen, dass ihr Verhalten schon deshalb imitiert wird.	d
7	Selbststeuerung des eigenen Verhaltens	a) kann auch Kindern gelingen. b) kann von allen Erwachsenen vollzogen werden. c) setzt Schulung voraus. d) ist im Berufsalltag meist unrealistisch.	a

7. Begriffsbildung und Wissenserwerb
   7.1. Wissen und Wissenserwerb
   - Differenzierung zwischen zwei Formen von Wissen

Handlungswissen (prozedurales Wissen)	Sachwissen (deklaratives Wissen)
Bezug auf automatisierte motorische und kognitive Fähigkeiten. Es ist überwiegend implizit (unbewusst), z.B. Fahrradfahren, Multiplizieren	Explizites, d.h. bewusstes und verbalisiertes Wissen

- Abspeicherung größerer Wissensgebiete als Netzwerke: Differenzierung von Allgemein- und Expertenwissen

- Im folgenden Bezug auf das Sachwissen: kognitive Verarbeitung und Strukturierung von Informationen ≠ bloßes Auswendiglernen von Fakten → Wissenserwerb ≠ Auswendiglernen

- Wissenserwerb als
  1) Bildung und mentale Repräsentation von Begriffen
  2) Zusammenfügung und Vernetzung von Begriffen zu übergeordneten Wissensstrukturen
  3) Aktive, konstruktive Leistung, da die Prozesse unter 1) und 2) vom Subjekt selbst ausgehen ↔ Behaviorismus

- Beschreibung des Wissenserwerbs unter den Aspekten von
  1) Begriffsbildung (Begriffe = „Bausteine des Wissens")
  2) Assimilation (Verankerung des neuen Wissens in der kognitiven Struktur
  3) Repräsentation
  4) Vernetztheit

7.2. Begriffsbildung
   - Begriff (engl. concept): Zusammenfassung von Objekten zu Klassen aufgrund gemeinsamer Merkmale und Beziehungen → Begriffe als Hilfsmittel zur Organisation unseres Wissens; sie helfen dabei, die zahllosen Informationen aus unserer Umwelt sinnvoll zu reduzieren

   - Begriffsbildung beruht auf zwei Prozessen

Generalisierungsprozesse	Differenzierungsprozesse
Erkennen und Hervorheben der gemeinsamen Eigenschaften	Abstraktion der Besonderheiten des Einzelfalls

- Menschliches Denken mit und in Begriffen → Inhalt und Instrument unseres Denkens und daher fundamental für unser Erleben und Verhalten

- Unklarheit über den Prozess der Begriffsbildung und Begriffsidentifikation (vgl. Entwicklungspsychologie); Beteiligung von

induktiven Denkvorgängen = Ganzheitsstrategie	deduktiven Denkvorgängen = Teilschrittsstrategie
Erschließen der konstitutiven Merkmale eines Begriffs aus den Daten	Aufstellen von Hypothesen, was die konstitutiven Merkmale eines Begriffs sind und Prüfung dieser an der Realität

- Hierarchische Gliederung von Begriffen bzw. ihren Kategorien
   1) Globale bzw. übergeordnete Ebene (z.B. Tier/Fahrzeug)
   2) Mittlere bzw. basale Ebene (z.B. Vögel/Autos)
   3) Detaillierte bzw. untergeordnete Ebene (z.b. Schwalbe/VW-Käfer)

- Begriffe verfügen über eine sachliche (denotative) Komponente und eine emotionale (konnotative) Komponente (z.b. Mutter, Vaterland) → Begriffsbildung als subjektiver, fast sogar willkürlicher Prozess

- Repräsentation der meisten Begriffe als sprachliches Zeichen, sind aber nicht zwangsläufig an ihre sprachlichen Bezeichnungen geknüpft und in keinem Fall mit ihnen identisch → Begriff ≠ Wort → Differenzierung zwischen Term, Begriff und Sachverhalt (Bunge)
   1) Synonyme: Ein Begriff mit mehreren Bezeichnungen: Kartoffel + Erdapfel
   2) Homonyme: Bezeichnung eines Begriffs mit mehreren Namen: Heide

- Mehrere Theorien zur mentalen Repräsentation von Begriffen (= Darstellung von wahrgenommenen Gegenständen und Vorgängen im menschlichen Bewusstsein): Wie sind Begriffe mental repräsentiert? (vgl. Entwicklungspsychologie)

Merkmalsbasierte Ansätze		Theoriebasierten Ansätze
klassische Theorie	Prototypentheorie	• Begriffe nicht nur als Kategorien, sondern auch als Erklärungen, die in sich schon theoretische Annahmen enthalten → keine Trennung zwischen Wissenserwerb und Begriffsbildung → Unterscheidung zwischen Begriffen, Regeln bzw. Begriffsketten (Gagné) sinnlos (vgl. 7.3.1)
Repräsentation von Begriffen anhand definierender Merkmale	Repräsentation von Begriffen anhand typischer Merkmale	• Sinnvolle Erklärung vieler Begriffe nur vor dem Hintergrund von Theorien sinnvoll erklärbar (z.B. Begriff *Lernen*)

- Differenzierung von Begriffen nach Edelmann

Eigenschaftsbegriffe = Kategorien	Erklärungsbegriffe
Beruhen auf Merkmalsassoziationen	Nicht nur zur Kategorisierung von Phänomenen, sondern auch ihre Erklärung; Knüpfung an spezifische Theorien

- Begriffslernen im Unterricht
   1) Bildung von Prototypen (Hund: 4 Beine, bellt, frisst Fleisch); Problem: z.B. nicht alle Vögel fliegen
   2) Herstellen von Strukturarten (Wale sind…, Wale fressen…, Wale fast…. Wale sind….)

Unser Wissen basiert auf Begriffen. Die Grenzen zwischen Begriffsbildung sind insofern fließen

7.3. Assimilation

7.3.1. Das Regellernen nach Gagné

- Wissenserwerb als Erwerb von „Regeln", die er als „Begriffsketten definiert
  - o Begriffe enthalten noch kein Wissen im eigentlich Sinn, sie sind lediglich ihre „Grundbausteine"
  - o Wissenserwerb durch Zusammenfügen einzelner Begriffe zu „Ketten" bzw. „Regeln" → Wissen als Kombination von Begriffen
  - o Differenzierung zwischen 2 Kettentypen

„begriffliche" Ketten	„sprachliche" Ketten
Beruhen auf einem tieferen Verständnis	• kein Beruhen auf einem tieferen Verständnis • Auswendiglernen ohne Erfassung der Beziehungen zwischen den einzelnen Begriffen

- Regelerlernen bzw. Wissenserwerb durch verbale Unterweisung: Beachten, dass sprachliche Ketten nicht nur auswendig gelernt werden, sondern auch die Regeln verstanden werden, d.h. dass die einzelnen Begriffe klar sein müssen, die begrifflichen Ketten in anderen Worten wiedergegeben und angewandt werden können, usw.

- Differenzierung zwischen 3 logisch aufeinander aufbauenden und sich wechselseitig bedingenden Lernformen: Verwendung für idealen Unterrichtsaufbau: „Lernstrukturen"
  1) Begriffsbildung → Kategorisierung
  2) Wissenserwerb → Regellernen bzw. Bildung von Begriffsketten
  3) Problemlösen → Anwendung von Regeln

- Anwendung der Lernformen auf den Unterricht: Begriffsklärung, Regelerläuterung und letztendlich Anwendung des gelerntes Wissens auf konkrete Probleme = deduktives Lernen

- Kritik: Saubere Trennung zwischen Begriffen und Regeln kaum möglich, da viele Begriffe selbst schon Erklärungen sind und erst im Kontext bestimmter Theorien Sinn ergeben (vgl. oben)

7.3.2. Ausubels Assimilationstheorie – Verknüpfung des Gelernten mit Vorwissen

- Existenz verschiedener Formen des sprachlichen Lernens; Differenzierung anhand zweier Dimensionen → Anordnung in einer 4-Felder-Tafel mit fließenden Übergängen zwischen den Polen
  - o Pol 1: „sinnvoll" – „mechanisch"
  - o Pol 2: „rezeptiv" – entdeckend"

	mechanisch	sinnvoll
rezeptiv	Dargebotene Informationen werden mechanisch gelernt	Dargebotene Informationen werden in das bestehende Wissensgefüge/die bestehende Wissensstruktur an passender Stelle eingegliedert. (Ausubel)
entdeckend	Ein vom Lernenden entdeckter Sachverhalt wird mechanisch gelernt	Ein vom Lernenden entdeckter Sachverhalt wird in das bestehende Wissensgefüge an passender Stelle eingegliedert. (Bruner)

- Die zwei Kriterien sinnvollen Lernens nach Ausubel

Inhaltliche, nicht wortwörtliches Lernen des Stoffs	Verknüpfung des Gelernten zufallsfrei, d.h. sinnvoll mit dem jeweiligen Vorwissen (Assimilation)		
	unterordnendes Lernen = Subsumtion	überordnendes Lernen	kombinatorisches Lernen
	Allgemeinheitsgrad des Vorwissens > Allgemeinheitsgrad des neu gelernten Stoffs → Subsumierung des neu gelernten Stoffs dem Vorwissen → Veranschaulichung oder Spezifizierung des Vorwissens	Allgemeinheitsgrad des neu gelernten Stoffs > Allgemeinheitsgrad des Vorwissens → Subsumierung des Vorwissens dem gelernten Stoff	Existenz eines allgemeinen und ungefähren Vorwissens; Spezifizierung und Modifizierung des Vorwissens durch das neu Gelernte → „progressive Differenzierung des Wissens"

- Assimilation (Verknüpfung zwischen Vorwissen und Gelerntem) als ein wechselseitiger Prozess: Verarbeitung neuer Informationen in Abhängigkeit vom Vorwissen → Veränderung des Vorwissens und alter Wissensstrukturen → gegenseitige Beeinflussung von neu Gelerntem und Vorwissen

- Mechanisches Lernen: wörtliches und stupides Auswendiglernen ohne Verstehen des Inhalts und der Bedeutung des Stoffs → keine Assimilation des Gelernten möglich; „Mechanisches Lernen" (Ausubel) ≈ „Lernen sprachlicher Ketten" (Gagné) → Gemeinsamkeit: keine Form des Wissenserwerbs

- Differenzierung in 2 Formen des Lernens

	rezeptives Lernen = deduktives Lernen = unterordnendes Lernen	entdeckende Lernen = induktives Lernen
Beschreibung	• Darbietung des Lernstoffs in fertiger Form • Schließen vom Allgemeinen auf das Besondere bzw. Zu- und Unterordnung des Besonderen dem Allgemeinen	• Erarbeitung der Lernergebnisse durch die SuS • Schließen vom Besonderen auf das Allgemeine
Beispiel aus der Schule	Lehrvortrag, Schulbuchkapitel	Versuche, Projekt- und Gruppenarbeit
Vertreter	Ausubel: „sinnvoll-rezeptives Lernen"	Bruner: „sinnvoll-entdeckendes Lernen" (vgl. 7.3.3)

- Prinzip Ausubels: „Der für das Lernen wichtigste Faktor ist das, was der Lernende bereits weiß. Dies ermitteln Sie, und danach unterrichten Sie Ihren Schülern."

- Ziel des schulischen Lernens nach Ausubel
  1) Ausbildung einer klar gegliederten, hierarchisch geordneten Wissensstruktur durch sinnvoll-rezeptives Lernen mittels progressiver Differenzierung (vgl. Tabelle oben), d.h. Spezifizierung allgemeiner Begriffe und Regeln durch neues Wissen
  2) Entdeckendes Lernen weniger sinnvoll für den Unterricht als rezeptives Lernen → Vordergrund: Erwerb von Sachwissen
  3) Wichtig für Unterricht und SuS: Interaktion von bereits vorhandenem Wissen mit dem neuen Lernstoff

7.3.3. Entdeckendes Lernen nach Bruner

- „sinnvoll-entdeckendes Lernen" als beste Form des schulischen Lernens (vgl. Tabelle oben) aus vier Gründen
  1) Förderung der intrinsischen Motivation („Kompetenzmotivation"): Motiviertheit um der Sache selbst willen
  2) Auftreten von intuitivem Denken bei entdeckendem Lernen; meist Unterschätzung dieses Aspekts bei der geistigen Entwicklung von SuS
  3) Beitrag zur Entwicklung einer allgemeinen Problemlösefähigkeit (die SuS lernen, wie man lernt) = oberstes Ziel des Schulunterrichts; Schulisches Lernen als exemplarisches Lernen → Ziel: Förderung des positiven Transfers
  4) Ermöglichung von Transfer im Unterricht (spezifischer Übungstransfer, allgemeiner Transfer)
- Positiver Transfer: positive Beeinflussung des späteren Lernens durch früheres Lernen → positiver Transfer = Fähigkeit, bereits angeeignetes Wissen bzw. erworbene Fähigkeiten in neuen Anforderungssituationen erfolgreich anzuwenden

- Induktives Denken während der Schulzeit im Vordergrund, später auch Erschließung von neuem Stoff deduktiv möglich

- Sinnvoll-entdeckendes Lernen als erfolgversprechend, wenn
  1) der Prozess des Entdeckens behutsam gelenkt wird,
  2) fehlendes, aber notwendiges Wissen im Bedarfsfall direkt vermittelt wird,
  3) die Komplexität des Problems nicht zu hoch ist oder angemessen reduziert wird
  4) variierende Aufgaben für eine hinreichende Generalisierung der Erkenntnis und für die Einübung des Transfers sorgen.

- Beispiel Physik – Lernen durch Explorieren und Experimentieren nach White und Frederiksen (1998) anhand eines Fragezirkels, um das hypothetisch-deduktive, explorierende Lernen zu befördern
  1) eine Frage formulieren,
  2) Hypothesen aufstellen (ein Ergebnis prognostizieren)
  3) ein Experiment durchführen (häufig über eine Computersimulation)
  4) anhand der Ergebnisse eine Gesetzmäßigkeit erkennen,
  5) die entdeckte Gesetzmäßigkeit auf andere Situationen anwenden.

7.3.4. Die Bruner-Ausubel-Kontroverse nach Lukesch

bedeutungsvolles Lernen	Klärung der Beziehung zwischen Begriffen	computergestützte (audio-visuelle) Instruktion	wissenschaftliche Forschung/künstlerische Schöpfung
⬆	Lektüre von Lehrbüchern	Experimente im Physikunterricht	routinemäßige Forschung oder intelektuelle Arbeit
⬇	Rechenübungen	Anwendung mathematischer Formeln bei Aufgaben	Versuch- und Irrtums-Verfahren
mechanisches Lernen	**rezeptives Lernen**	**geleitetes entdeckendes Lernen**	**autonomes entdeckendes Lernen**

8. Problemlösen
8.1. Was ist ein „Problem"?

- Definition nach Duncker: „[…] wenn ein Lebewesen ein Ziel hat und nicht weiß, wie es dieses Ziel erreichen soll."

- Definition nach Dörner: „Ein Individuum steht einem Problem gegenüber, wenn es sich in einem inneren oder äußeren Zustand befindet, den es aus irgendwelchen Gründen nicht für wünschenswert hält, aber im Moment nicht über die Mittel verfügt, um den unerwünschten Zustand in einen wünschenswerteren zu überführen." → Kennzeichnung eines Problems durch 3 Merkmale
  1) Unerwünschter Ausgangszustand
  2) Erwünschter Zielzustand
  3) Barriere, die die Überführung des Ausgangszustandes in den Zielzustand verhindert.

- Trennung von Problem und Aufgabe: bei Aufgabe Lösungsweg bekannt, bei Problem erst Erschließung nötig; fließende Übergänge allerdings möglich (vgl. Interpolationsbarriere in der Tabelle unten)

- Vorerfahrungen essentiell für Differenzierung als Problem bzw. Aufgabe → Hat man für eine Prüfung nicht gelernt, besteht sie nicht aus Aufgaben, sondern Problemen.

- Dörner: Differenzierung der Probleme hinsichtlich des Bekanntheitsgrades der Mittel und der Klarheit der Zielkriterien → Differenzierung von 4 Problemtypen

Interpolationsbarriere	Synthesebarriere	dialektische Barriere	Kombination von dialektischer- und Synthesebarriere
• Klarheit der Mittel • Klarheit der Zielkriterien/des Ziels ↓ • Lediglich Auswahl der besten Mittel und ihre konkrete Anwendung nötig • Schwere Abgrenzung zu Aufgaben	• Unklarheit der Mittel • Klarheit der Zielkriterien/des Ziels	• Klarheit der Mittel • Unklarheit der Zielkriterien/des Ziels • „schlecht definierte Probleme" (Dörner) • Beispiel: Verschönerung des Klassenraums	• Unklarheit der Mittel • Unklarheit der Zielkriterien/des Ziels

- Auftreten von Problemen in verschiedenen Realitätsbereichen: Beziehungsprobleme, Autopannen, Textaufgaben, etc.

- Realitätsbereich: Sachverhalt + Operator (Handlungen, die einen Sachverhalt in Richtung Zielzustand verändern); Folgerungen:
  1) Zur Lösung eines Problembereichs benötigt der Problemlöser Wissen über den betreffenden Realitätsbereich (z.B. Kenntnisse über Autos)
  2) Darstellung von Problemlöseprozessen als „Suchbäume": Darstellung aller Zustände bzw. Sachverhalte bis zur Erreichung des Zielzustandes und Verbindung dieser mit Operatoren → Die kürzeste Operatorensequenz entspricht der optimalen Problemlösung

8.2. Was ist „Problemlösen"?

- Unter Berücksichtigung der unter 8.1 aufgeführten Definition von „Problem", bezeichnet „Problemlösen" die planvolle Überwindung von Barrieren bis zur Erreichung eines Ziels. → Dieser Prozess erfordert sowohl die Anwendung von vorhandenem Wissen, als auch die Erarbeitung neuer Lösungen

- Dörner: Differenzierung zwischen 2 Ebenen bzw. kognitiven Strukturen

	epistemische Struktur	heuristische Struktur
Erläuterung	• Enthalten von deklarativem Wissen (Sachwissen) und prozeduralem Wissen (Handlungswissen) einer Person	• Enthalten von Heurismen = allgemeine Problemlöseverfahren • Beispiel: Versuch und Irrtum
Funktion	• Reicht zur Lösung von Aufgaben aus	• Heurismen dienen der Konstruktion neuer Operatoren
Anwendung	• Ermöglicht reproduktives Denken	• Anwendung, wenn rein reproduktives Denken zu keiner Lösung führt
Terminologie Piagets	• Epistemische Struktur dient der Assimilation = Anwendung bekannter Schemata auf die Umwelt	• Heuristische Struktur dient der Akkomodation = Anpassung der Denkstrukturen an die Umwelt

- Heurismen: allgemeine Problemlöseverfahren, u.a.
  1) Versuch und Irrtum
  2) Analytischer Heurismus: Aufteilung eines komplexen Problems in Unterprobleme
  3) Umstrukturierung des Problems
  4) Entdeckungsheurismus = kreative Problemlösung

- Operatoren: konkrete Handlungen, die einen bestimmten Sachverhalt in einen anderen überführen (z.B. das Auswechseln einer Glühbirne, die Anwendung einer Rechenformel); hier: Problemlöseoperatoren
  1) Erwerben von Problemlöseoperatoren durch direkte Instruktion = Analogiebildung (Lösung eines Beispielproblems wird auf das aktuelle Problem übertragen)
  2) Erwerben von Problemlöseoperatoren durch Entdeckung (schlussfolgerndes Denken; Versuch und Irrtum)

- Problemraum: innere Repräsentation eines Problems = Wissen einer Person über den entsprechenden Realitätsbereich + Kenntnis anwendbarer Operatoren + subjektives Verständnis der Barrieren
  → Darstellung des Problemraums in einem „Suchbaum", der die Menge aller möglichen Zustände und Operatoren enthält (vgl. oben)

- Dunker: Differenzierung von zwei Problemlöseprozessen

Zielanalyse	Situationsanalyse	
Was wird gesucht und was nicht? → Überwindung der dialektischen Barriere	Barrieren und ihre Überwindung	
	Konfliktanalyse	**Materialanalyse**
	Woran scheitert die Problemlösung?	Welche Mittel bzw. Operatoren stehen zur Lösung des Problems zur Verfügung und welche sind einsetzbar?
Abstecken des Problem- und des Suchraums **Wie die anschließende Lösungssuche im Einzelnen abläuft, hängt von den verwendeten Heurismen ab.** **(vgl. oben)**		

- Vorgang des Problemlösens als TOTE-Einheit: test → operation → test → exit: Nach der Durchführung einer Operation (operation) wird deren Ergebnis geprüft (test), je nachdem ob der Zielzustand erreicht wurde, wird der Vorgang beendet (exit) oder eine andere Operation (operation) durchgeführt; Beispiel
  1) test: Feststellung: „Es ist kein Nagel an der Wand."
  2) operation: Mit dem Hammer Nagel in die Wand schlagen
  3) test: Ist der Nagel tief genug in der Wand? Wenn nicht → erneutes hämmern
  4) exit: Nagel ist tief genug in der Wand

- Fazit: Ob ein Problem gelöst wird, hängt von den Merkmalen eines Problems und den Merkmalen der Person ab

1) Merkmale des Problems: Art der Barriere (vgl. Tabelle oben); Komplexität, Transparenz, Vernetztheit und Eigendynamik des Problems, etc.

2) Personenmerkmale: Wissensumfang und –organisation im jeweiligen Realitätsbereich; Verfügbarkeit von Heurismen und Motivation

8.3. Problemlösen durch Versuch und Irrtum

- Beim Versuchs-und-Irrtums-Verfahren werden unsystematisch Lösungsversuche generiert und nachträglich überprüft → je größer der Problemraum, desto ineffektiver das Verfahren

- Klassischer Behaviorismus (Thorndike): Problemlösen überwiegend, wenn nicht ausschließlich durch Versuch und Irrtum; Thorndikes Vexierkäfig:
  1) Einsperren von hungrigen Katzen in einen Käfig
  2) Zunächst willkürliche Fluchtversuche (kratzen, beißen, etc.)
  3) Anschließend zufälliges Betätigen des Mechanismus (Hebel) zur Öffnung des Käfigs

8.4. Problemlösen durch Umstrukturierung
   8.4.1. Grundlagen

- Gestaltpsychologen (Wertheimer, Duncker, Köhler) gegen behavioristische Sichtweise → Problemlösen nicht durch Versuch-und-Irrtum, sondern durch Einsicht

- Köhlers Affe Sultan:
  1) Affe in einem Käfig mit Futter außerhalb davon
  2) Aha-Erlebnis: Ineinanderstecken zweier Stangen, um damit an das Futter zu gelangen

- Gestaltpsychologie: Der Mensch tendiert zur einer ganzheitlichen Wahrnehmung = Gesetz der guten Gestalt; Probleme als unüberschaubar und verwirrend = unklare Gestalt; Ziel des Problemlöseprozesses: Umstrukturieren der Wahrnehmung der jeweiligen Situation so, dass die einzelnen Teile (z.B. Sultans Stock) neu gewichtet werden und in Bezug auf das Ziel Sinn ergeben (sukzessiv oder schlagartig)

- Duncker: Prozess der Umstrukturierung als Situations- und Zielanalyse (vgl. Tabelle 8.2) → Präziseste Fassung des Problems entspricht dessen Lösung

- Umstrukturierung einer Wahrnehmung erfordert Kreativität: häufige Inkubationszeit vor dem eigentlichen Problemlösen, in der sich das Subjekt vorübergehend vom Problem abwendet → Vermutliche Schwächung der Tendenz, bereits ausprobierte und fehlgeschlagene Lösungsversuche zu wiederholen bzw. in festgefahrenen Denkmustern zu verharren!

- Guilfords 4 Aspekte kreativen Denkens
  1) Sensitivität gegenüber Problemen (erfordert nicht zuletzt Wissen)
  2) Flüssigkeit des Denkens (Anzahl der Ideen, Assoziationen, etc.)
  3) Flexibilität des Denkens (Wechsel von Bezugssystemen, etc.)
  4) Originalität des Denkens (Neuheit/Seltenheit der Produkte)

8.4.2. Bezug zur Schule

- Häufige Behinderung kreativen Denkens (vgl. unten):
  1) Förderung konventioneller Problemlösungen
  2) strikte Erfolgsorientierung; Vermeidung von Misserfolgen
  3) bürokratisch-administrative Organisation von Unterrichtsarbeit (festgelegte Stundendauer, etc.)
  4) extrinsische Motivation
  5) Konformitätsdruck

- Methoden zur kreativen Problemlösung (v.a. bei dialektischen Problemen zu empfehlen)
  1) Brainstorming (Sammeln von Lösungsvorschlägen in der Gruppe): Keine Bewertung der Lösungsvorschläge während des Brainstormings, denn die Durchführbarkeit der Vorschläge spielt in der Sammelphase keine Rolle
  2) Methode 635 (eine Art schriftliches Brainstorming) mit Ausschaltung negativer Gruppenprozesse: Jeder von 6 Personen schreibt 3 Lösungsvorschläge auf einen Zettel (5 Minuten Zeit) und gibt den Zettel an seinen Nachbarn weiter, der 3 weitere Vorschläge notiert. Der Vorgang wird solange wiederholt (6 Mal), bis jeder Teilnehmer auf jeden Zettel 3 Vorschläge notiert hat.
  3) Morphologischer Kasten: Das zu lösende Problem wird in seine Problembestandteile zerlegt, für die dann jeweils einzeln Lösungen gesucht werden

- Fördern von Problemlösen im Unterricht (Mietzel, 1998)
  1) Schaffen von Problemsituationen in einem natürlichen Kontext
  2) Überprüfung des sprachlichen Verständnisses
  3) Konkretisieren von Textaufgaben (Beispiele)
  4) Verbessern der Qualität von Verständnisfragen
  5) Förderung konzeptueller Veränderungen
  6) Aktivieren von Vorwissen
  7) Erleben und Bewältigung von kognitiven Konflikten

8.5. Problemlösen durch Systemdenken

- Bei komplexeren Problemen geht es nicht um die Erreichung eines Ziels, sondern der Problemlöser sieht sich mit einer Vielzahl möglicher Ziele (Polytelie) konfrontiert, die sich u.U. sogar widersprechen; weitere Probleme komplexer Probleme
  1) Vielzahl von Variablen
  2) Intransparente Situation (fehlende Informationen)
  3) Wechselseitige Abhängigkeit
  4) Eigendynamik

- Fähigkeit zu vernetztem Denken erforderlich → kein lineares Denken in den Kategorien Ursache und Wirkung, sondern Beachtung von Neben- und Wechselwirkungen

- Dörners „Lohhausenproblem" → Großteil der Vpn wirtschaftet Lohnhausen in kürzester Zeit in den Bankrott; bemerkenswert: Die Leistungen in komplexen Problemlöseaufgaben sind nicht durch den IQ vorhersagbar (vgl. Differentielle Psychologie)
  1) Pbn schlüpfen im Rahmen einer Computersimulation für mehrere Sitzungen in die Rolle eines Bürgermeisters (Stadt Lohnhausen)
  2) Die meisten Menschen tun sich mit komplexen Problemen äußerst schwer
  3) Übersehen von Neben- und Wechselwirkungen
  4) Nicht-Bedenken der Eigendynamik der Situation
  5) Falsche Einschätzung langfristiger Konsequenzen

8.6. Schlussfolgerndes Denken

- Allgemeine Bedeutung: von etwas Gegebenen zu etwas Neuem kommen

- Differenzierung zwischen 3 Formen schlussfolgernden Denkens bzw. 3 Schlussfolgerungsmethoden bzw. Inferenzen in der Logik

	Deduktives Schließen	Induktives Schließen	Analoges Schließen
Beschreibung	• Von gegebenen Sachverhalten wird auf weitere geschlossen • Dazu muss man erkennen, welche weiteren Sachverhalte in dem gegebenen impliziert (mit eingeschlossen sind)	• Aus einer Folge wiederkehrender Phänomene wird auf allgemeine Regelmäßigkeiten oder Gesetzmäßigkeiten geschlossen • Problem: Ausnahmen (vgl. Poppers schwarzer Schwan) • Letztlich wird all unser Wissen über Induktion gewonnen	Von der Übereinstimmung in einigen Punkten (Ähnlichkeit) wird auf Entsprechung auch in anderen Punkten bzw. auf die Gleichheit von Verhältnissen geschlossen
Kurzversion	Es wird vom Allgemeinen auf das Besondere geschlossen.	Vom Besonderen (von Einzelbeobachtungen wird aufs Allgemeine geschlossen.	Etwas Bekanntes nutzen, um etwas noch Unbekanntes (aber Ähnliches) zu verstehen
Piaget	Schlussfolgerndes Denken erst ab der Stufe formal-operativen Denkens (11./12. Lebensjahr)		
Neue Forschung	Kinder sind schon früh zu schlussfolgerndem Denken in der Lage, sofern man ihnen nur die richtigen Aufgaben stellt		
		• Dias & Harris: bereits 5-6 jährige sind zu induktiven Schlüssen in der Lage • Stellen von Syllogismusaufgaben= Gesetz, Prämisse → Consecutio	• Holyoak (1984): Der Magier und seine Strategie: Kinder bekommen eine von 2 Geschichten vorgelesen. Im Anschluss sollen sie Bälle in ein entferntes Gefäß befördern, ohne vom Stuhl aufzustehen. • Haben die Kinder die Geschichte gehört, in der der Magier einen Teppich rollt, um Edelsteine durchgleiten zu lassen, rollen sie ein Stück Kapier zusammen und lassen die Bälle dadurch ins Gefäß rollen ↓ Analogieschluss

8.7. Erfolgreiche und erfolglose Problemlöseprozesse

- Erfolgreiche Problemlöser weisen nach Dörner fünf Merkmale auf
  1) Umgang mit Komplexität: Vernetztes statt lineares Denken (vgl. oben); Erkennen der Struktur und Dynamik von Systemen; Fähigkeit zur Strukturierung von Problemsituationen
  2) Spezifische intellektuelle Leistungsfähigkeit: IQ spielt eine untergeordnete Rolle; wichtiger sind ein breit gefächertes Wissen (Kenntnis verschiedener Realitätsbereiche) und die Fähigkeit zu analogem und deduktivem Denken (vgl. oben)

3) Entscheidungsfreudigkeit: Es werden relativ viele Hypothesen generiert und überprüft (Fähigkeit zu induktivem Denken) (vgl. oben)

4) Selbstsicherheit: Mut zum Fehler; Unsicherheit aushalten; keine übertriebene Tendenz, ein positives Fähigkeitsselbstkonzept aufrecht zu erhalten

5) Verantwortung und Stabilität des Handelns: Ausdauer; keine Delegation von Problemen; kein Ausweichen auf unbedeutende Nebenfragen

- Analogien (Ähnlichkeiten) erleichtern das Lernen und Verstehen von Sachverhalten und fördern Problemlöseprozesse (vgl. Tabelle 8.6)

  1) Beim analogen Denken werden bereits bekannte Schemata auf einen anderen Bereich übertragen und dadurch neue Schemata gebildet (Transfer); Bezug zur Schule: Beim Aufbau eines Atoms wird häufig das Sonnensystem als Vergleich herangezogen

  2) Analogiebildung im Kontext des Problemlösens: Übertragen des Lösungsprinzip eines Problems auf ein anderes Problem → große Wirkung anhand vieler Studien und Experimente nachgewiesen

- Experiment zur Analogiebildung nach Holyoack

  1) Grundlage: Pbn sollten sich in einen Arzt versetzen, der einen bösartigen Tumor behandeln sollte. Das Problem dabei ist, dass die nötige Bestrahlung auch gesundes Gewebe schädigen würde.

  2) Ohne entsprechende Hilfe konnten nur wenige Pbn dieses Problem lösen.

  3) Gibt man den Pbn zusätzlich eine Geschichte zu lesen, in der ein General eine Festung von allen Seiten stürmen lässt, weil die Straßen vermint sind und immer nur von einigen wenigen Soldaten passiert werden konnte, gelang es den meisten Pbn das Lösungsprinzip zu übertragen.

- Die Art der Instruktion hat (Lehrmethode) hat Einfluss auf die Transfer- und Behaltensleistung in Problemlöseaufgaben

- Experiment zur Lehrmethode nach Kantona (Streichholzaufgaben)

  1) Ziel der Streichholzaufgaben ist es, durch Umlegen einer vorgegebenen Zahl von Streichhölzern neue Figuren zu erstellen (z.B. aus 5 Quadraten 4 zu legen)

  2) Das Prinzip wurde den Pbn in einer Übungsphase erklärt und in einem unmittelbar darauffolgenden und einem Nachtest (4 Wochen später) anhand bekannter und neuer Beispiele überprüft → Variiert wurde lediglich die Art der Instruktion

  3) Unterteilung der Pbn in 3 Gruppen + 1 Kontrollgruppe

Gruppe A Einprägenlassen der Lösung	Gruppe B Unterstütztes Lernen	Gruppe C Darbietung einer abstrakten Regel	Kontrollgruppe
Einem Teil der Pbn wurden die einzelnen Lösungsschritte mehrmals hintereinander in der gleichen Weise erklärt → mechanisches Einprägen	Einem anderen Teil wurden die Lösungsschritte erst erklärt, nachdem die Pbn sich kurz selbst an der Lösung versucht hatten; die Erklärung zielte dabei auf das Verständnis der Pbn. Sie erfolgte an 2 Beispielen, wurde aber nicht so oft wiederholt	Der dritten Versuchsgruppe wurden nicht die einzelnen Lösungsschritte erklärt, sondern die allgemeine Regel 2 Mal vorgelesen und an 2 Beispielen angewendet	Die Kontrollgruppe nahm an keiner Übungsphase teil
Erklären bzw. Üben der Streichholzaufgabe			Kein Erklären bzw. Üben
Erzielen hoher Punktzahlen nur bei bereits bekannten Aufgaben, nicht aber bei unbekannten	Erzielen der besten Ergebnisse → Vpn, denen die Lösung einsichtig erklärt wurde, hatten mit	Erzielen der zweitbesten Ergebnisse → Verfahren ähnlich wie bei 2. Gruppe	

	unbekannten Aufgaben genauso wenig Probleme wie mit bekannten.		
	Fazit Eine sinnvolle Instruktion anhand von Beispielen unter aktiver Beteiligung der SuS begünstigt positiven Transfer und führt v.a. auf längere Sicht zu besseren Leistungen als mechanisch eingeprägte Lösungswege oder die Vermittlung einer abstrakten Regel		

8.8. Mögliche Hindernisse beim Problemlösen

- Behinderung aufgrund vorhandenem Wissen – Experiment nach Karmiloff-Smith
  1) Ausgangslage: 4- und 8-jährige Kinder sollten die Gleichgewichtspunkte von Stäben bestimmen, wobei an manchen Stäben ein für die Kinder nicht sichtbares Gewicht angebracht war.
  2) Die 8-jährigen Kinder, die bereits wussten, dass der Schwerpunkt von Objekten in den Mitte liegt, hatten bei dieser Aufgabe größere Probleme als die jüngeren Kinder, die nach einer Versuchs-und-Irrtums-Strategie vorgingen

- Behinderung aufgrund von vorhergehender Übung – Experiment nach Levine
  1) Vpn sollen zwischen 2 Buchstaben (A oder B) wählen
  2) 1. Durchgang: Abhängigkeit der Lösung von der Positionssequenz (2x rechts, 1x links, 2x rechts)
  3) 2.Durchgang: Pbn kommen aufgrund des Musters im 1.Durchgang schwerer auf die einfachere Lösung des 2.Durchgangs (immer A)

- Behinderung aufgrund der funktionellen Gebundenheit von Objekten – Experiment nach Duncker
  1) Ausgangslage: Gegeben sind eine Schachtel Streichhölzer, Reisnägel und eine Kerze
  2) Aufgabe: Befestigung der Kerze an einer Tür
  3) Ergebnis: Weniger als die Hälfte der Pbn kommt auf die Idee, die Streichholzschachtel mit einzubeziehen, da sie lediglich in ihrer fixierten Funktion (Aufbewahrungsort) wahrgenommen wird.

8.9. Förderung von Problemlösefähigkeiten im Unterricht

- Grundlage: Bruners sinnvoll-entdeckendes Lernen (z.B. Experimente) → Förderung des induktiven Denkens und der allgemeinen Problemlösefähigkeit

- Förderung von analogem Denken → Transferaufgaben im Gegensatz zu Reproduktionsaufgaben

- Üben deduktiver Schlussfolgerungen

- Förderung von vernetztem Denken → Hinweisen auf Zusammenhänge, Etablierung von fächerübergreifendem Unterricht, etc.

- Animierung zu Versuch und Irrtum → keine Vorgabe der Lösungen, Generierung von Hypothesen durch die SuS

- Förderung kreativen Denkens → Zulassen verschiedener Lösungen: kreatives Schreiben, Brainstorming, Methode 635, Morphologischer Kasten

- Lehren entsprechender Strategien: Methode des lauten Denkens, Üben der Strukturierung von Problemen

- Geben entsprechender Instruktionen: kein mechanisches Auswendiglernen, sondern Verständnis, die SuS selbst probieren lassen, etc.

9. Das Gedächtnis

9.1. Das Mehrspeichermodell (Atkinson & Shiffrin)

- Im Grunde stehen alle neueren Gedächtnismodelle unter dem Paradigma der Informationsverarbeitung: Beschreibung des menschlichen Geistes in Analogie zum Computer als Verarbeitungs- und Speichermedium

- Das Mehrspeichermodell von Atkinson & Shiffrin geht von 3 funktionell verschiedenen Gedächtnistypen bzw. Stadien der Informationsverarbeitung aus: das Ultrakurzzeitgedächtnis, das Kurzzeitgedächtnis und das Langzeitgedächtnis

9.1.1. Das Ultrakurzzeitgedächtnis (sensorisches Register)

- Im UKZG werden zunächst alle eintreffenden Reize gespeichert; allerdings nur für äußerst kurze Zeit (ca. 0,5 bis 2 Sekunden, da die Information fortwährend durch neues Material verdrängt wird

- Sperling (1960/1963): Vollständige Speicherung im ikonischen Gedächtnis – Vpn bekommen für kurze Zeit eine aus 9 Buchstaben bestehende Matrix dargeboten

Methode des vollständigen Berichtens	Methode des teilweise Berichtens
Vpn können nur 3-4 Buchstaben wiedergeben	Wissen die Vpn vor der Darbietung, dass sie danach nur eine Zeile wiedergeben müssen, können sie diese danach wiedergeben, auch wenn sie vorher nicht wussten welche ↓ Die gesamte Information (Matrix) muss – zumindest kurz – abgespeichert worden sein

- Der Zugang zum UKZG ist aufmerksamkeitsunabhängig (präattentiv); eine semantische Verarbeitung findet auf dieser Ebene noch nicht statt (präkategorial)

- Zweck des sensorischen Speichers ist eine kontinuierliche Wahrnehmung trotz diskontinuierlicher Reizaufnahme

- Je nach Reizmodalität kann das sensorische Register in verschiedene „Gedächtnisse" unterteilt werden, u.a.

ikonisches Gedächtnis	echoischen Gedächtnis
Speicherung visueller Reize	Speicherung akustischer Reize

9.1.2. Das Kurzzeitgedächtnis (Arbeitsspeicher)

- Das KZG dient nicht nur der kurzfristigen Speicherung von Informationen (bis zu 30 Sekunden), sondern v.a. deren Verarbeitung (daher auch der Begriff Arbeitsgedächtnis)

- Die Kapazität des Arbeitsspeichers ist begrenzt; sie entspricht der sogenannten Gedächtnisspanne (Anzahl der in korrekter Reihenfolge reproduzierten Items) und umfasst ca. $7(\pm 2)$ Items bzw. Informationseinheiten

- Durch Wiederholung und Elaboration der im KZG gespeicherten Informationen werden diese vom KZG ins LZG (vgl. 9.1.3) übertragen

- Informationen, die weder ins Langzeitgedächtnis übertragen, noch im KZG erhalten werden können, gehen verloren. Das KZG wird daher oft mit einem Flaschenhals verglichen

- Als empirischer Beleg für die Existenz des KZG gilt u.a. der Primacy-Recency-Effekt. Die ersten und letzten Items einer Serie können besser reproduziert werden als die mittleren; Erklärung: Die ersten Items einer Reihe können öfter wiederholt werden, da der Arbeitsspeicher anfangs noch leer ist. Dementsprechend werden sie besser ins LZG übertragen (Primacy-Effekt); sobald mehr als 7 Items dargeboten wurden, ist die Kapazität des KZG erschöpft. Items müssen ausgeschieden werden, ohne vorher ins LZG übertragen werden zu können. Die letzten Items können nur deshalb nicht abgerufen werden, weil sie sich noch im KZG befinden.

- Atkinson & Shiffrin zufolge hängt die dauerhafte Speicherung von Informationen v.a. von deren Wiederholung ab. Durch ständige Wiederholung (Memorieren) bleibt die Information länger im KZG gespeichert und wird dadurch besser ins LZG übertragen.

- Nachweis, dass Wiederholung (rehearsal) eine effektive Gedächtnisstrategie ist, die zu besseren Leistungen führt: Ein Experiment Flavells
  1) Ausgangssituation: Kindergartenkindern, Zweit- und Fünftklässlern wurde eine Serie von Bildern gezeigt mit der Aufforderung, sie sich in der richtigen Reihenfolge zu merken. Nach der Präsentation bekamen die Kinder 15 Sekunden Zeit, sich auf die Reproduktion der Sequenz vorzubereiten.
  2) Beobachtung: 10% der Kindergartenkinder bewegten dabei ihre Lippen oder wiederholten die Wörter laut; von Fünftklässlern wendeten 85% diese Strategie an.
  3) Ergebnis: Außerdem konnte für jede Altersgruppe gezeigt werden, dass die Anwendung der Wiederholungsstrategie zu besseren Leistungen führt.

- Ob Informationen vom KZG ins LZG übertragen werden, hängt aber nicht nur von deren Wiederholung ab, sondern auch von der Organisation und Elaboration des jeweiligen Materials

- Elaboration: Verknüpfung neuer Informationen mit bereits Bekanntem, z.B. indem der Lernstoff durch bekannte Details angereichert oder in eigenen Worten ausgedrückt wird (elaborative Kodierung) → Reconstructive memory

- Sowohl die Organisation als auch die Elaboration von Informationen erfordert Vorwissen. Insofern findet die Informationsverarbeitung im Arbeitsgedächtnis nicht unabhängig vom LZG statt. Das KZG ist gewissermaßen Schnittstelle zwischen bereits bekannten- und neuartigen Informationen. Es aktiviert die relevanten Inhalte im LZG und verbindet diese mit dem jeweils neuen Material → Nach dem Mehrspeichermodell erfolgt der Informationsfluss zwar in eine Richtung (UKZG → LZG); das LZG ist aber an allen Stufen der Informationsverarbeitung beteiligt

- Chase & Simon (1973) – Chunking (= Informationsverdichtung) bei Schachexperten
  1) Ausgangssituation: Schachexperten sind wesentlich besser darin, komplexe Schachstellungen zu rekonstruieren als Schachnovizen; allerdings nur, wenn es sich bei den Vorgaben um sinnvolle- und nicht um zufällige Schachpositionen handelt.
  2) Erklärung: Experten sind in der Lage, beim Enkodieren jeweils mehrere Figuren zu Mustern zusammenzufassen. Sie merken sich nicht Einzelpositionen, sondern typische Konstellationen (z.B. Königsstellung) → Eine solche Informationsverdichtung (Chunking) erleichtert nicht nur die Speicherung, sondern auch den Abruf der betroffenen Informationen: Die Experten erinnerten sich „klumpenweise" an die Positionen der Vorlage

- Chi: Nivellierung von Altersunterschieden in der Gedächtnisleistung während eines analogen Experiments durch Vorwissen bzw. Expertise

- Schneider
    1) Ausgangslage: Schneider zeigte 7- und 10-jährigen Kindern verschiedene Bilder und forderte sie explizit dazu auf, „alles zu tun, was ihnen später hilft, sich an die Dinger zu erinnern"
    2) Ergebnis: Von den 7-jährigen Pbn ordneten nur 10% die Bilder nach ihrer Kategorienzugehörigkeit (z.B. Tiere, Fahrzeuge, Möbel, etc.) von den 10-jährigen wandten 60% diese Strategie an und erzielten dementsprechend bessere Ergebnisse

9.1.3. Das Langzeitgedächtnis

- Im LZG sind alle Informationen aus zurückliegenden Denk- und Lernprozessen dauerhaft gespeichert; gleichzeitig steuern die im LZG gespeicherten Inhalte die Informationsverarbeitung im Arbeitsgedächtnis (vgl. 9.1.2) → das LZG ist gleichermaßen Folge- und Voraussetzung von Lernprozessen

- Die Kapazität des LZG ist vermutlich unbegrenzt

- Informationen, die im LZG gespeichert wurden, gehen nicht vollständig verloren, wenn sie „vergessen" werden. Sie sind lediglich nicht mehr zugänglich.

- Hypnose-Experiment (True) – Erinnern an die Wochentage vergangener Geburtstage
    1) Ausgangslage: Versetzen der Vpn in Hypnose
    2) Ergebnis: Die Vpn können sich überzufällig schnell daran erinner, auf welchen Wochentag ihr 4., 7. Und 10. Geburtstag fällt. Vpn im Wachzustand können dagegen nur raten.

- Ebbinghaus (1911): Was man schon einmal gelernt hat, lernt man beim nächsten Mal wesentlich schneller – selbst, wenn der Stoff erst Jahre später wiederholt wird

- Unterteilung des LZG in zwei Gedächtnisse

Explizite Gedächtnis (deklarativ)		Implizite Gedächtnis (nicht-deklarativ)	
Umfasst bewusst verfügbare Wissensinhalte, die verbalisiert werden können und deshalb auch als deklaratives Wissen bezeichnet werden		Umfasst unbewusste Inhalte = nicht-deklaratives Wissen	
Semantisches Gedächtnis	**Episodisches Gedächtnis**	**Prozedurales Gedächtnis**	**Perzeptuelles Gedächtnis**
- Sach- bzw. Weltwissen = begriffliches/semantisches Wissen - Semantisches Wissen ist generativ: Fähigkeit es abzurufen und zu reproduzieren + Möglichkeit zur Erschließung neuer Sachverhalte - Prinzipiell 3 Formen zur Repräsentation des Wissens im semantischen Gedächtnis	- Wissen um persönlich erfahrene Episoden/persönlich erfahrene Ereignisse - Speicherung nicht nur der Information als solche, sondern auch den Kontext (wann und wo) - Ebbinghausens sinnfreie Silben: Auswendiglernen sinnfreier Silben (= keine semantische Verarbeitung); ↓ typische Vergessenskurve: steiler Anfangsabfall + asymptotischer Verlauf - Abhängigkeit des genauen Verlaufs von der Art des Lernmaterials (sinnlos vs. Sinnvoll), der Prüfmethode (Reproduktion vs. Wiedererkennung), Anzahl der Wiederholungen und Darbietungen, der Aufteilung des Lernstoffs und der Anzahl der beteiligten Sinne	Prozedurales Wissen einer Person = psychomotorische und kognitive Fähigkeiten wie Skifahren oder Rechnen, also Handlungsabläufe und Fertigkeiten, die aufgrund hinreichender Übung automatisiert ablaufen	- Schnelle Erkennung geprimter Reize. - Priming (vorwärmen bzw. vorbereiten): Erhöhen der Wiedererkennung eines Reizes durch vorherige Aktivierung eines assoziativ verknüpften Gedächtnisinhaltes - Associative Aktivierung als bewusster oder unterbewusster (subliminaler) Prozess
Bedeutungsbasiert – Differenzierung in 2 Netzwerkmodelle und verschiedene Theorien der Begriffsbildung	**Wahrnehmungsbasiert**	**Handlungsbasiert**	
propositionale NWM	semantische NWM		

9.2. Genaueres zum Kurzzeitgedächtnis – Drei Ansätze

9.2.1. Alan Baddeley

- Baddeley & Hitch zufolge ist das KZG kein einfacher Zwischenspeicher, sondern ein modular aufgebautes Arbeitsgedächtnis, das aus einer zentralen Exekutive und zwei modalitätsspezifischen Dienstleistungssystemen besteht

zentrale Exekutive	artikulatorische/phonologische Schleife (phonological loop)	visuell-räumlicher Notizblock (visiuo-spatial scratch pad)
v.a. Aufmerksamkeitslenkung und Kontrolle	Verarbeitung und Bereithaltung verbaler Informationen	Verarbeitung bildhafter Informationen
modalitätsunspezifisch	modalitätsspezifisch	
	Wiederholung von Informationen in beiden Schleifen dient weniger der Übertragung von Informationen ins LZG, als vielmehr der Bereithaltung relevanter Infos im Arbeitsgedächtnis (KZG)	

- Empirischer Beleg für das Modell Baddeley & Hitch – Der Wortlängeneffekt: Die Behaltensleistung ist eine Funktion der Wortlänge → es können kurzfristig mehr zweisilbige Wörter als fünfsilbige gespeichert werden

9.2.2. Robbie Case

- Erweiterung des Modells vom KZG durch die Differenzierung von Arbeits- und Kurzzeitspeicher
    1) Arbeitsspeicher (operating space): zuständig für die kognitiven Prozesse, die zu einem gegebenen Zeitpunkt gerade durchgeführt werden
    2) Kurzzeitspeicher (storage space): zuständig für die Speicherung der Ergebnisse gerade ablaufender Prozesse

9.2.3. Das Einspeichermodell nach Craik & Lockhart

- Grundannahme: Es existieren neben dem LZG keine weiteren Speichereinheiten → das KZG ist demzufolge kein eigenständiger Speicher, sondern lediglich der aktuell aktivierte Teil des LZG

- Statt von verschiedenen Gedächtnistypen auszugehen, gehen Craig & Lockhart von verschiedenen Verarbeitungsebenen aus → prozessorientierter Ansatz

- Differenzierung zwischen einer oberflächlichen und einer tiefen Verarbeitung; Beispiel an dem Wort *Hase*

oberflächliche Verarbeitung	Zwischenstadium	tiefe Verarbeitung
Orientierung an sensorisch-äußerlichen Merkmalen (Schreibweise, Schrifttyp) → orthographische Betrachtung eines Wortes	Phonologische und lexikalische Betrachtung eines Wortes	Erfassen der Bedeutung des Wortes und stellen in einem semantischen Kontext → semantische Betrachtung eines Wortes

- Je tiefer die Verarbeitung einer Information, desto umfassender wird diese gespeichert und später erinnert

- Die Annahme, dass die einzelnen Verarbeitungsebenen sequentiell durchlaufen werden, Informationen also zunächst oberflächlich und erst danach tief verarbeitet werden, wurde fallengelassen → simultane statt sequentielle Bearbeitung → Verarbeitungsbreite statt Verarbeitungstiefe

10. Wissensrepräsentation

10.1. Einleitung

- Wissen basiert auf der mentalen Repräsentation äußerer Gegebenheiten

- Auf einer basalen Ebene kann dabei zwischen zwei Formen der Wissensrepräsentation unterschieden werden

wahrnehmungsbasierte Repräsentation	bedeutungsbasierte Repräsentation
bildhaft und analog (ähnlich) zu den sensorisch-perzeptuellen Qualitäten der abzubildenden Objekte	beruht mehr oder minder abstrakten Begriffen

- Darstellung der verschiedenen Aspekte der Wissensrepräsentation

Repräsentationsformen des deklarativen Wissens			
wahrnehmungsbasierte, bildhaft-anschauliche Repräsentation (analog)	bedeutungsbasierte, aussagenartige Repräsentation (abstrakt)		
	propositionale Netzwerke (vgl.)	semantische Netzwerke (vgl.)	Schemata (vgl.)

10.2. Bedeutungsbasierte Repräsentation

- Bezüglich der abstrakten Repräsentation (bedeutungsbasierte Repräsentationsform) stellen sich 2 Fragen
    1) Wie sind die einzelnen Begriffe, aus denen sich unser Wissen zusammensetzt, repräsentiert?
    2) Wie ist unser Wissen als Ganzes organisiert?

- Auch wenn beides miteinander zusammenhängt, wird im Folgenden zwischen Modellen zur Begriffsbildung (vgl. 10.2.1) und Modellen der Wissensrepräsentation (vgl. 10.2.2) unterschieden.

10.2.1. Verschiedene Modelle zur Repräsentation von Begriffen

10.2.1.1. Die klassische Theorie (deterministische Merkmalsmodell)

- Die klassische Theorie geht davon aus, dass Begriffe anhand ihrer definierenden Merkmale und deren Verknüpfung repräsentiert sind. Die Verknüpfung bzw. Kombination der einzelnen Merkmale erfolgt dabei nach formal-logischen Regeln (Affirmation, Konjunktion, Disjunktion, etc.); Beispiel: Eine Großmutter ist die Mutter von einem der Elternteile.

- Begriffe werden also aufgrund von Merkmalskombinationen gebildet, die für alle Elemente einer Kategorie zutreffen. Je größer die Anzahl kritischer Attribute, desto kleiner die Kategorie. Je spezifischer der Begriffsinhalt, desto kleiner der Begriffsumfang.

- Kritik: Das Hauptproblem deterministischer Theorien liegt darin, dass es nicht für alle Begriffe hinreichende Definitionskriterien gibt. Die meisten im Alltag verwendeten Begriffe sind unscharf und kontextabhängig. Was sollen z.B. die definitorischen Merkmale des Begriffs *Spiel* sein? Wittgenstein (1953) widerlegt anhand dieses Begriffs die sprachphilosophische Position, dass „gleicher Begriff gleiche Extension der Merkmale" bedeutet. Er schlägt stattdessen den Begriff *Familienähnlichkeit* vor.

10.2.1.2. Die Prototypentheorie (probabilistisches Merkmalsmodell)

- Die Prototypentheorie (z.b.) Rosch zufolge werden Begriffe in Form von Prototypen abgespeichert. Die Begriffsbildung basiert demnach nicht auf definierenden-, sondern auf wahrscheinlichen bzw. typischen Merkmalen; Beispiel: Großmütter sind alt.

- Außerdem wird davon ausgegangen, dass die Zuordnung zu einer Kategorie weniger formal-logischen, als vielmehr pragmatischen Kriterien folgt; Beispiel: Ein Klavier, eigentlich ein Musikinstrument, wird bei einem Umzug zu einem gewöhnlichen Möbelstück degradiert, die Merkmale *Größe* und *Gewicht* treten in den Vordergrund.

- Die Exemplare einer Kategorie unterscheiden sich hinsichtlich ihrer Typikalität (Ähnlichkeit zum Prototyp); die einzelnen Merkmale hinsichtlich ihrer Hinweisgültigkeit; Beispiel: Für das Konzept *Vogel* ist z.b. Flugfähigkeit ein Merkmal mit hoher Hinweisgültigkeit („Schlüsselmerkmal"): Die meisten Vögel können fliegen, die meisten anderen Dinge nicht. Daher ist ein Spatz repräsentativer für die Kategorie *Vogel* als z.B. ein Strauß

Die Tabelle kann/soll von unten nach oben gelesen werden	
Prototyp aufgrund wahrscheinlicher bzw. typischer Merkmale	Prototyp *Vogel* → die meisten Vögel können fliegen (wahrscheinliches bzw. typisches Merkmal bestimmter Tiere → daher ein Prototyp)
Exemplare → Typikalität	Prototyp *Vogel* → hohe Typikalität (Exemplar Spatz), niedrige/keine Typikalität (Exemplar Strauß); Begründung dafür vgl. Merkmale bzw. Hinweisgültigkeit
Merkmale → Hinweisgültigkeit	Prototyp Vogel (Prototypenbildung aufgrund des wahrscheinlichen bzw. typischen Merkmals *fliegen*) → hohe Hinweisgültigkeit (Spatz), niedrige/keine Hinweisgültigkeit (Strauß)

- Entsprechende Reaktionszeitexperimente zeigen, dass Exemplare mit hoher Typikalität schneller zugeordnet werden können, als eher untypische Exemplare.

- Prototyp ist im Grunde ein Synonym für Schema (vgl.)

- Meiner Ansicht nach sehr subjektiv

10.2.1.3. Theoriebasierte Ansatz (Theorie-Theorie)

- Theoriebasierten Ansätzen (z.B. Wellmann & Gelman) zufolge sind Begriffe nicht nur Kategorien, sondern gleichzeitig Erklärungen. Sie enthalten in sich schon theoretische Annahmen. Wissenserwerb und Begriffsbildung sind damit kaum voneinander zu trennen; eine Unterscheidung zwischen Begriffen und Regeln bzw. Begriffsketten, wie Gagné sie trifft, ist sinnlos.

- Tatsächlich lassen sich viele Begriffe (z.B. der Begriffs *Wissensrepräsentation*) nur vor dem Hintergrund einer bestimmten Theorie sinnvoll erklären.

- Edelmann unterscheidet vor diesem Hintergrund zwischen zwei Begriffsarten

	Eigenschaftsbegriffe	Erklärungsbegriffe
Beschreibung	Beruhen auf Merkmalsassoziationen, sind gleichzusetzen mit Kategorien;	Dienen nicht nur der Kategorisierung, sondern auch der Erklärung von Phänomenen und sind an spezifische Theorien geknüpft
Beispiele	Großmütter, Vögel	Wissensrepräsentation, Charisma, im Allgemeinen Wörter mit mehrfacher Bedeutung

10.2.2. Verschiedene Modelle zur Wissensrepräsentation

10.2.2.1.   Propositionale Wissensrepräsentation (vgl. Tabelle 10.1)

- Das Modell der propositionalen Wissensrepräsentation geht davon aus, dass der Bedeutungsgehalt von Ereignissen und Sachverhalten in Form abstrakter Aussagen, sogenannter Propositionen abgespeichert wird.

- Der Begriff Proposition ist der Logik bzw. Linguistik entnommen. Es handelt sich dabei um die kleinste Bedeutungseinheit, die als selbstständige Aussage gelten kann.

- Eine solche Proposition besteht aus einer logischen Relation (Prädikat) und Argumenten (z.B. Agens, Objekt, Rezipient, etc.)
  - o Meistens entsprechen die Relationen den Verben oder Adjektiven und die Argumente den Nomen einer Sprachäußerung
  - o Allerdings sind Propositionen der Theorie nach keine sprachlichen, sondern kognitive Konstrukte. Es handelt sich nicht um Sätze, sondern um abstrakte, voneinander unabhängige Wissenseinheiten.

- Dargestellt werden Propositionen meist in Form von Ellipsen, die durch entsprechende Pfeile mit ihren Argumenten und Prädikaten bzw. Relationen verbunden sind.

- Die einzelnen Wissenseinheiten bleiben allerdings nicht isoliert, sondern stehen netzartig miteinander in Beziehung (= propositionale Netzwerke)

10.2.2.2.   Semantische Netzwerke

- Zahlreiche Theorien gehen davon aus, dass unser konzeptuelles Wissen in semantischen Netzwerken bzw. Begriffshierarchien organisiert ist.

- Ein Begriff ist diesem Ansatz zufolge durch seine Verknüpfung mit anderen Begriffen und seine spezifischen Attribute repräsentiert. → Insofern sind hierarchische Netzwerkmodelle kompatibel zur klassischen Theorie der Begriffsbildung (vgl. 10.2.1.1)

- Die Aktivierung eines Knotens bzw. eines Begriffes führt dabei der Theorie zufolge automatisch zur Aktivierung weiterer, im Umkreis befindlicher Knoten. Diese Annahme konnte anhand von Priming-Experimenten bestätigt werden.

- Dem ursprünglichen Modell nach erfolgt die Speicherung der Attribute nach dem Prinzip der kognitiven Ökonomie: Attribute werden immer nur auf der höchstmöglichen Hierarchieebene abgespeichert. Direkt zugeordnet sind den verschiedenen Begriffen also immer nur deren spezifische Merkmale.
  - o Das Merkmal *Flugfähigkeit* ist z.B. nur an den Oberbegriff *Vogel* geknüpft, aber nicht an das Konzept *Rotkehlchen* oder *Kanarienvogel*. Um die Aussage, dass Kanarienvögel fliegen können, zu verifizieren, muss demnach eine Stufe höher gegangen werden.
  - o Dabei gilt: Je mehr Knotenpunkte durchlaufen werden müssen, desto länger dauert der Denkprozess.
  - o Anhand von Reaktionszeitexperimenten konnten verschiedene Annahmen des Modells bestätigt werden. Zum Beispiel wird die Aussage, dass Kanarienvögel fliegen können, tatsächlich langsamer bestätigt als die Aussage, Kanarienvögel seien gelb.
  - o In anderen Fällen widersprechen die Reaktionszeiten allerdings den Annahmen des Modells: die Aussage, dass Sonnenblumen Samen haben, wird z.B. äußerst schnell verifiziert, obwohl dieses Attribut eigentlich nur auf der über-

geordneten Ebene *Pflanze* abgespeichert sein dürfte → überarbeitetes Modell der semantischen Netzwerke

- Eine neuere Fassung des Modells geht deshalb davon aus, dass Begriffe nicht so sehr nach hierarchischen Kriterien, sondern eher nach ihrer semantischen bzw. assoziativen Nähe einander zugeordnet sind.
  - o Je mehr Eigenschaften 2 Begriffe gemeinsam haben bzw. je mehr semantische Relationen zwischen ihnen bestehen, desto enger sind die miteinander verbunden.
  - o Diese Fassung des Netzwerkmodells ist durchaus kompatibel mit der Prototypentheorie (10.2.1.2)

10.2.2.3. Schemata

- Schemata sind übergeordnete Wissensstrukturen, die dazu dienen, die Umwelt zu strukturieren und unser Wissen zu organisieren. Sie enthalten spezifische Vorannahmen und Leerstellen, die erst noch zu spezifizieren sind. Beispiel: Man kann sich sicher sein, dass ein Korkenzieher dem Entfernen von Korken dient und eine Spindel enthält (= spezifische Vorannahmen). Form und Beschaffenheit des Griffs sind dagegen variabel (= Leerstellen).

- Schemata, die sich auf Ereignisse und häufige Handlungsabläufe beziehen, werden als Skripts (Drehbücher) bezeichnet.

- Schemata haben Einfluss auf die Informationsaufnahme, deren Enkodierung und den Abruf von Informationen (reconstructive memory)

- Reconstuctive Memory: Schemata beeinflussen unsere Erinnerung. Gedächtnislücken werden durch schemakonsistente Details ausgefüllt, d.h. nicht alles, woran wir uns erinnern, ist tatsächlich so passiert. Vieles ist erst im Nachhinein von uns ergänzt worden – und zwar entsprechend der von uns verwendeten Schemata

- Experiment zum *reconstructive memory*: Barbara und Jack auf der Skihütte (Linda Carli, 1999)
  - o Pbn bekamen eine Geschichte mit unterschiedlichem Ausgang zu lesen (Heiratsantrag vs. Vergewaltigung) und wurden 2 Wochen später gefragt, woran sie sich erinnern. Je nach Ausgang der Geschichte wurden unterschiedliche Schemata aktiviert – und entsprechende, schemakonsistente Details „erinnert", die in der Geschichte gar nicht vorkamen, z.B. Jack schenkte Barbara Rosen.

Vorteile	Nachteile
1) Schemata sparen Zeit und kognitive Kapazität	1) Problem der selektiven Wahrnehmung
2) Sie lenken unsere Aufmerksamkeit	2) Es existieren Verzerrungen, insofern gespeicherte Informationen an vorhandene Schemata angeglichen wird und schemainkonsistente Details oft übersehen oder später nicht erinnert werden
3) Sie helfen bei der Interpretation v.a. mehrdeutiger Informationen	
4) Sie dienen der Verhaltensvorhersage	3) Schubladendenken
5) Sie ermöglichen sinnvolles Ausfüllen von Erinnerungslücken	4) Vorurteile
6) Sie erleichtern schlussfolgerndes Denken	5) Self-fulfilling-prophecy (Schema = Erwartungshaltung)

10.3. Wahrnehmungsbasierte Wissensrepräsentation

10.3.1. Die Dual-Code-Theorie von Paivio

- Paivio unterscheidet zwischen einem bildhaften (imaginalen) und einem verbalen Kodierungssystem

	bildhaftes Kodierungssystem	verbale Kodierungssystem
Beschreibung	Verarbeitung nicht-sprachlicher Reize und speichert diese in Form anschaulicher Vorstellungen	Verarbeitung sprachlicher Reize und speichert deren abstrakte Bedeutung
Beispiele	Bilder, Berührungen, Gerüche, etc.	verbale Äußerungen
Repräsentationsart	analoge (ähnliche) oder wahrnehmungsbasierte Repräsentation	symbolische oder semantische Repräsentation/aussagenartige oder bedeutungsbezogene Repräsentation
Verarbeitung	parallele und duale (semantische + bildhafte = multiple Repräsentation) Verarbeitung → Bilder werden am besten gespeichert	sequentielle Verarbeitung; u.U. auch dual (Abhängigkeit vom Abstraktionsgrad) → je konkreter ein Wort, desto wahrscheinlicher ist eine duale Verarbeitung und somit eine multiple Repräsentation
Zusammenarbeit beider Systeme (früh)	Zunächst findet keine Zusammenarbeit beider Systeme statt, sie arbeiten unabhängig, d.h. dass sprachliche Informationen von Anfang an bildhaft bzw. nonverbale Informationen direkt sprachlich kodiert wird	
Zusammenarbeit beider Systeme (später)	Zu einem späteren Zeitpunkt, auf der referentiellen Eben, wird das eine System u.U. durch das jeweils andere aktiviert, d.h.: Ein Wort kann ein Vorstellungsbild auslösen und Bilder können verbal bezeichnet werden. Ob und in welchem Ausmaß die beiden Systeme auf diese Weise zusammenwirken, hängt Paivio zufolge von dem zu verarbeitenden Material ab (vgl. Verarbeitung)	
Vorteile des Modells	1) Das Modell entspricht neuropsychologischen Befunden, denen zufolge sprachliches Material eher in der linken und bildhaftes Material eher in der rechten Hemisphäre verarbeitet wird. 2) Das Modell erklärt den „Bildüberlegenheitseffekt", der besagt, dass Bildmaterial besser gemerkt wird als sprachliches. → Kirkpatrick: Bildreihen werden länger behalten als Wortlisten!	

10.3.2. Die multimodale Gedächtnistheorie (Multi-Code-Theorie) von Engelkamp

- Die Speicherung von Informationen wird nicht nur durch deren bildhafte Veranschaulichung verbessert, sondern auch durch entsprechende Handlungen.

- Engelkamp (1980): der „Tu-Effekt": Engelkamp konnte zeigen, dass das Behalten von Verb-Objekt-Phrasen (z.B. Computer einschalten) durch die symbolische Ausführung der bezeichneten Handlung verbessert wird.

- Ausgehend von diesen Ergebnissen erweitert Engelkamp das Modell Paivios um ein motorisches Gedächtnissystem
  1) Wissen wird demnach nicht nur durch abstrakte bzw. konkrete Vermittlung von Informationen erworben, sondern auch durch den handelnden Umgang mit den Dingen.
  2) Es gibt 3 Formen der mentalen Repräsentation: Wissen kann semantisch, bildhaft und motorisch (handlungsmäßig) repräsentiert sein.

- Unterrichts- und Schulbezug: Nicht nur verbale Vermittlung von Wissen, sondern ganzheitliches Lernen; Ziel ist eine möglichst umfassende Verarbeitung des Lernstoffes
  1) Schon Comenius fordert das Lernen mit allen Sinnen, ähnlich Pestalozzi: „Mit Kopf, Herz und Hand"
  2) Praktische Umsetzung: unterschiedliche Unterrichtsmaterialien, anschauliche Beispiele, etc. → Idealfall: Projektarbeit

3) Schon bei alltäglichen Unterrichtsmethoden werden verschiedene Sinne einbezogen: Diktatschreiben (Hören, Motorik, Sehen), zuhörendes Lesen (akustische und optische Reize), etc.

10.4. Ein propositionales Textverarbeitungsmodell (Knitsch)

- Knitsch geht davon aus, dass lediglich das Wesentliche einer Information im LZG gespeichert wird; Details werden beim Abruf rekonstruiert. Auf Basis dieser Annahme entwirft er ein propositionales Textverarbeitungsmodell

- Komplexe Informationen werden mit Hilfe von Makrooperatoren auf ihren Sinngehalt reduziert. Im LZG gespeichert werden lediglich die wichtigsten Propositionen bzw. die Makrostrukturen eines Textes. Zu diesem Zweck werden Informationen entweder weggelassen (Tilgung, Selektion) oder durch übergeordnete Propositionen ersetzt (Generalisation, Konstruktion). Die Kohärenz des Textes wird durch Überlappungen der Argumente sichergestellt. Beispiel: mögliche Reduzierung des Satzes *Peter zündete sich eine Zigarette an und begann genüsslich zu rauchen* auf die Makrostruktur *Peter rauchte*

- Beim Abruf wird die ursprüngliche Information anhand von Schemata rekonstruiert. Zu diesem Zweck werden die im LZG gespeicherten Makrostrukturen spezifiziert und ergänzt. Knitsch spricht in diesem Zusammenhang von sogenannten Rekonstruktionsoperatoren. Sie sind das Gegenstück zu den informationsreduzierenden Makrooperatoren

10.5. Fazit

- Die Grenzen zwischen den einzelnen Gedächtnisinhalten und Repräsentationsformen sind fließend. Die verschiedenen Theorien sollten daher nicht in Konkurrenz zueinander gestellt werden, sondern eher als komplementäre, einander ergänzende Erklärungsversuche.

- Die Annahme, dass unser Wissen in Netzwerken aufgebaut ist, erscheint plausibel und wird durch verschiedene Befunde bestätigt.

- Allerdings sollte das Netzwerkmodell nicht einseitig auf bedeutungsbasierte Repräsentation beschränkt werden. Vielmehr scheint an vielen Stellen des Netzwerkes eine multiple Repräsentation vorzuliegen; auch eine Verknüpfung zwischen Begriffen und Episoden ist naheliegend.

11. Lern- und Gedächtnisstrategien

11.1. Systematisierung

- Lernstrategien sind mental repräsentierte Schemata bzw. Handlungspläne zur Steuerung des eigenen Lernverhaltens

- Es gibt verschiedene Arten von Lernstrategien: Baumert unterscheidet zwischen kognitiven, metakognitiven und ressourcenbezogenen Lernstrategien. Eine ähnliche Systematik liegt auch dem „Fragebogen zur Erfassung von Lernstrategien im Studium" (LIST) zugrunde; allerdings wird hier von Informationsverarbeitungs-, Kontroll- und Stützstrategien gesprochen

Kognitive Lernstrategien bzw. Informationsverarbeitungsstrategien	Metakognitive Lernstrategien bzw. Kontrollstrategien	Ressourcenbezogene Lernstrategien bzw. Stützstrategien
<ul><li>Wiederholung</li><li>Organisation</li><li>Elaboration</li></ul> Bezeichnung dieser 3 Lernstrategien als die wichtigsten Mnemotechniken (gr. „mneme" = Gedächtnis): Lern- bzw. Gedächtnisstrategien, mit deren Hilfe Informationen so verarbeitet und organisiert werden, dass sie später leichter abrufbar sind	<ul><li>Planung (z.B. das Setzen von Lernzielen)</li><li>Selbstüberwachung (Kontrollfragen; Überprüfung, ob das Gelesene verstanden wurde)</li><li>Regulation (Anpassung an die jeweiligen An-</li></ul>	<ul><li>Interne Ressourcen (Anstrengung, Aufmerksamkeit, Zeitmanagement)</li><li>Externe Ressourcen (Gestaltung der Lernumgebung, Beschaffung von gutem Lern-</li></ul>

	forderungen; Lernzeit- allokation)	material, kooperatives Lernen)

11.2. Wiederholungsstrategien
- Die Wiederholung des Lernstoffes bzw. diesen auswendig zu lernen ist eine häufig angewandte Lernstrategie. Allerdings ist sie nur in Kombination mit anderen Techniken effektiv. Damit Wiederholungsstrategien wirksam werden können, muss der zu lernende Stoff entsprechend strukturiert und verstanden werden.

- Vermeidung von mechanischem Lernen im Sinne von stupidem Auswendiglernen

- Um die Wiederholung eines Sachgebietes möglichst effektiv zu gestalten, ist es z.b. sinnvoll, eine Lernkartei anzulegen oder Zusammenfassungen anzufertigen

- Die entsprechenden Techniken sollten den SuS frühzeitig vermittelt werden.

11.3. Organisationsstrategien
- Mit Organisationsstrategien sind Kategorisierungs- und Ordnungsprozesse gemeint, die der Informationsreduktion dienen. Beispiel: Bildung von Begriffshierarchien; Chunking (s.o.); Clusterbildung; Sortieren, etc.

- Konkrete Anwendung im Unterricht
    o Vor allem bei der Bearbeitung von Texten spielen Organisationsprozesse eine entscheidende Rolle: SuS sollten dazu angeregt werden, Texte in Unterabschnitte zu gliedern, entsprechende Überschriften zu finden, Zusammenfassungen anzufertigen, gezielte Unterstreichungen vorzunehmen, etc.
    o Anwendung der SQ3R-Methode
    o Anwendung von Mapping-Techniken
    o Die Lehrkraft sollte beim Erstellen von Arbeitsblättern und Tafelbildern auf Übersichtlichkeit und eine klare Strukturierung achten (gegenstandsorientierte vs. Aspektweise Textorganisation)

11.4. Elaborationsstrategien
- Bei Elaborationsstrategien werden neue Informationen mit bereits Bekanntem in Verbindung gebracht. Anders als bei Organisationsstrategien wird der Lernstoff also nicht reduziert, sondern sinnvoll erweitert, z.B. indem
    o Vorwissen aktiviert,
    o weitere Beispiele gesucht,
    o Querverbindungen hergestellt
    o und Analogien gefunden werden
    o oder der Stoff in eigenen Worten wiederholt wird.

- Mnemotechniken im Kontext der Elaborationsstrategien: Elaborationsstrategien, die sich vor allem zum Merken von einfachem Lernmaterial (z.B. Vokabeln oder Begriffslisten) eignen. Dabei werden die Informationen so verarbeitet (mit Bedeutung angereichert) bzw. organisiert, dass sie später leichter abrufbar sind. Sind zwar sehr effektiv, müssen aber hinreichend geübt werden.

11.4.1. Mnemotechniken für einfache Lerngegenstände
- Loci-Technik: Eine bekannte Mnemotechnik ist die sogenannte Loci-Methode; dabei ruft man sich zunächst einen vertrauten Ort – z.B. die eigene Wohnung, den Schulweg, etc. – in Erinnerung. In einem zweiten Schritt stellt man sich die zu merkenden Items bildhaft vor

und verknüpft sie mit diesem Ort. Beim Abruf der Informationen geht man den Ort in Gedanken ab und „stößt" dabei auf die dort abgelegten Vorstellungsbilder.

- o Bei entsprechender Übung können mit dieser Technik beachtliche Gedächtnisleistungen erzielt werden. Im Alltag kann die Loci-Methode z.B. für das Behalten von Einkaufslisten genutzt werden.
- o In der Schule ist das Verfahren allerdings bedingt anwendbar, da es wie alle Mnemotechniken nicht dazu geeignet ist, Zusammenhänge zu lernen.

- Vorstellungsbilder (bildhafte Mediatoren): Eine weitere effektive Mnemotechnik besteht darin, die zu lernenden Begriffe mit möglichst intensiven Vorstellungsbildern zu verknüpfen (vgl. Paivio). Dabei sollten zwischen einzelnen Bildern lebendige Assoziationen gebildet werden. Beispiel: Ein *Hund* schwitzt in der *Sonne* und hat eine *Schleife* um den *Hals*.

- Schlüsselwortmethode: Dabei wird eine zu lernende Vokabel mit einem ähnlich klingenden Wort der eigenen Sprache assoziativ zu einem Bild verknüpft. Beispiel: lat. *cubare* (liegen) klingt wie *Kuh* und *Bahre* → *Die Kuh liegt auf einer Bahre.* → *liegen*

- Eselsbrücken: Auch Eselsbrücken sind Mnemotechniken und in diesem Sinne elaborative Gedächtnisstrategie. Sie werden im schulischen Kontext zwar oft gebraucht, helfen aber nur sehr partiell weiter.
  - o Reime: *333 bei Issos Keilerei; Wer nämlich mit h schreibt ist dämlich.*
  - o Akrostichone: Merksätze, bei denen der Anfangsbuchstabe jedes Wortes den eigentlich zu merkenden Inhalt bezeichnet: *Geh du alter Esel, hole Fische* (Dur-Tonarten)
  - o Akronyme: Merkwörter, die aus den Anfangsbuchstaben der eigentlich zu merkenden Wörter zusammengesetzt sind, z.B. SQ3R-Methode (vgl. unten)

- Narrative Verknüpfungen: Die zu lernenden Wörter in Geschichten einkleiden (vgl. Geschichten in Englischschulbüchern)

11.4.2. Elaborationsstrategien für komplexere Lerngegenstände
- Die SuS zur tieferen Elaboration (Assimilation) des Stoffes anzuregen, ist eine Hauptaufgabe von Lehrkräften
  - o Die Lehrkraft sollte Verständnisfragen stellen und die Schüler dazu anregen, auch selbst entsprechende Fragen zu stellen.
  - o Erzeugung kognitiver Konflikte beim Lerner: SuS auf Widersprüche aufmerksam machen und sie aktiv nach Lösungen suchen lassen; vgl. Piaget
  - o Verwendung von Beispielen, Bildmaterial, etc.
  - o Vermittlung entsprechender Methoden (SQ3R-Methode, Mapping-Techniken)

	SQ3R-Methode **Survey, Question, Read, Recite, Review**	**Mapping-Verfahren bzw. Erarbeitung von Begriffslandschaften**
Ziel	Effektiver Umgang mit Texten	Organisation und Erweiterung des Wissens
Schritte	1) Verschaffen eines groben Überblicks (Survey) über den Text anhand von Überschriften, des Vorwortes, etc. 2) Stellen konkreter Fragen an den Text (Question) durch eigenes Interesse oder Leiten durch den Text, z.B. Umformen der Überschriften	Graphische Darstellung des Wissensbereichs: Darstellung der relevanten Begriffe eines bestimmten Wissensbereichs als Knotenpunkte und Verbindung dieser durch entsprechende Linien bzw. Relationen

	in Fragen 3) Eigentlicher Leseprozess (Read) 4) Wiederholen des Inhaltes, z.B. schriftliche oder gedankliche Beantwortung der zuvor gestellten Fragen (Recite) 5) Erfolgen einer abschließenden Rückschau (Review): Sind die Fragen hinreichend beantwortet? Haben sich neue Fragen ergeben? etc.	
Effektivität	Anregen zur Organisation, der Elaboration und der Wiederholung des Lernstoffes	➢ Am effektivsten, wenn SuS zusammen mit der Lehrkraft eine Mindmap erstellen, z.B. über Brainstorming oder Sondierung neu erworbenen Wissens am Ende einer Unterrichtseinheit – kein Vorgeben fertiger Begriffslandschaften! ➢ Sukzessive Erweiterung der Begriffslandschaften zur besseren Verfolgung des eigenen Lernfortschritts ➢ Weitaus lernwirksamer als z.B. zusammenfassende Texte (z.B. Jüngst)
Sonstiges	Erweiterung des Verfahrens um den Schritt *Reflect*: Reflexion/Nachdenken über das Gelesene, Querverbindungen herstellen, etc. → SQ4R	Gründe für Effektivität ➢ Visualisierung und begünstigen dadurch eine duale Verarbeitung des Lernstoffs (vgl. oben Paivio) ➢ Aktive Auseinandersetzung mit dem dargestellten Wissensbereich → Herausfordern elaborative Prozesse ➢ Keine Isolation von Begriffen, sondern Lernen als Teil eines semantischen Netzwerks → „sinnvolles Lernen" (vgl. oben) ➢ Organisation und Strukturierung des Lernstoffs durch hierarchische und/oder thematische Ordnung ➢ Reduzierung komplexer Inhalte auf das Wesentliche → Erleichtern der Speicherung und des späteren Abrufs der dargestellten Informationen ➢ Kontrolle über den eigenen Lernprozess bzw. schnelle Information über den eigenen Wissensstand abfragen

12. Aufmerksamkeit

12.1. Einleitung

- Aufgrund unserer begrenzten Verarbeitungskapazität sind Aufmerksamkeitsprozesse notwendig. Nur die Informationen, auf die wir unsere Aufmerksamkeit richten, werden uns bewusst – und evtl. im LZG gespeichert. Der Rest wird ausgeblendet.

- Darüber, wie Aufmerksamkeitsprozesse ablaufen und auf welcher Ebene der Informationsverarbeitung sie anzusiedeln sind, gibt es verschiedene Theorien. Prinzipiell lassen sich Filter- und Ressourcenmodelle unterscheiden. Erstere betrachten die Informationsverarbeitung und –filterung als seriellen (linearen)-, letztere als parallelen (simultanen) Prozess.

12.2. Das Filter-Modell (Broadbent)

- Broadbent geht von einem Informationskanal aus, in dem die eingehenden Reize linear (sequentiell) verarbeitet und schon früh gefiltert werden

- Nur die Informationen, denen wir unsere Aufmerksamkeit zuwenden, erreichen das KZG, wo sie semantisch verarbeitet werden Alle anderen Reize werden aufgrund begrenzter Verarbeitungskapazität schon vor deren Verarbeitung im KZG herausgefiltert.

- Diese frühe Selektion basiert ausschließlich auf physikalischen Reizeigenschaften und erfolgt nach dem *Alles-oder-Nichts-Prinzip*

- Empirische Befunde zur Unterstützung Broadbent durch Cherry: Dichotisches Hören (1953)
  - o Beim dichotischen Hören wird dem rechten Ohr über Kopfhörer etwas anderes dargeboten als dem linken. Die Pbn werden aufgefordert, jeweils einen der beiden Texte mitzusprechen (shadowing), um auf diese Weise ihre Aufmerksamkeit zu lenken.
  - o Cherry zeigte, dass die verschattete, also die nicht nachgesprochene Botschaft lediglich hinsichtlich physikalischer Eigenschaften wahrgenommen wird. Eine semantische Verarbeitung des Gehörten findet nicht statt.
  - o Die Pbn merkten z.B. nicht, wenn die verschattete Botschaft in einer anderen Sprache gesprochen oder 35x hintereinander dasselbe Wort wiederholt wurde. Physikalische Veränderungen, wie z.B. der Wechsel von einer Männer- zu einer Frauenstimme wurden dagegen bemerkt.

12.3. Das Verdünnungs- oder Abschwächungsmodell (Treisman)

- In dem Verdünnungs- oder Abschwächungsmodell von Treisman wird ebenfalls von einer sequentiellen Informationsverarbeitung ausgegangen; allerdings erfolgt dabei die Filterung nicht nach dem *Alles-oder-Nichts-Prinzip*, sondern stufenweise. Irrelevante Informationen werden nicht vollständig weggefiltert, sondern lediglich weniger vollständig verarbeitet.

- Dabei hängt das Verarbeitungsniveau davon ab, wie unähnlich sich die betreffenden Reize sind. Unterscheiden sich die Informationen physikalisch (z.B. Männer- vs. Frauenstimme), reicht eine Analyse auf dieser Ebene aus; sind sich die dargebotenen Informationen dagegen ähnlicher ist evtl. eine semantische Analyse notwendig.

12.4. Das Späte-Selektions-Modell (Deutsch & Deutsch)

- Deutsch & Deutsch gehen im Gegensatz zu Broadbent davon aus, dass die Selektion der eingehenden Informationen erst auf einer späten Stufe der Informationsverarbeitung stattfindet. Ihnen zufolge werden aufmerksamkeitsirrelevante Informationen erst nach deren semantischer Identifikation im KZG herausgefiltert

- Empirischer Befund zur Unterstützung des Modells: „Effekt des eigenen Namen": Wird im nicht zu beachtenden Ohr der eigene Name eingespielt, wird dieser von der betreffenden Person wahrgenommen

12.5. Das Modell der flexiblen Ressourcen-Allokation (Kahneman)

- Anders als Filtermodelle gehen Ressourcenmodelle davon aus, dass die Informationsverarbeitung simultan bzw. parallel abläuft. Dementsprechend werden Aufmerksamkeitsprozesse nicht an einem bestimmten Punkt der Informationsverarbeitung festgemacht.

- Kahneman geht davon aus, dass die Aufmerksamkeit auf verschiedene Informationsquellen gleichzeitig gerichtet werden kann. Tatsächlich kann man mit einiger Übung gleichzeitig telefonieren und Autofahren

- Ihm zufolge verfügt der Mensch über einen begrenzten Pool kognitiver Ressourcen, die er flexibel einsetzen kann. Aufmerksamkeitsprozesse erfolgen demnach nicht nach dem Alles-oder-Nichts-Prinzip, sondern basieren auf der ökonomischen Verteilung kognitiver Ressourcen

- Zu welchem Zeitpunkt die aufmerksamkeitsbedingte Selektion von Informationen erfolgt, hängt nach Kahneman von 3 Faktoren ab
  1) Die Schwierigkeit der primären Aufgabe
     - Je schwieriger eine Aufgabe, desto unwahrscheinlicher ist es, dass parallel dazu noch weitere Informationen verarbeitet werden können.
     - Ist die verschattete Aufgabe schwierig, wird früh selektiert, steht dagegen genügend Kapazität zur Verfügung, z.b. weil beide Aufgaben leicht sind und eine simultane Verarbeitung zulassen, wird spät oder überhaupt nicht selektiert
     - Wichtig ist in diesem Zusammenhang die Differenzierung in zwei Informationsverarbeitungen

Kontrollierte Informationsverarbeitung	Automatische Informationsverteilung
bewusstes Ablaufen	unbewusstes Ablaufen
benötigt viel Kapazität	benötigt wenig Kapazität (z.b. Abschreiben, Autofahren)

  2) Der Umfang der verfügbaren Ressourcen: momentaner Erregungszustand einer Person (Müdigkeit, Geräuschkulisse, etc.)
  3) Die Ressourcen- bzw. Verteilungspolitik der betreffenden Person – Abhängigkeit der Politik von drei Faktoren
     - Überdauernde Dispositionen: z.b. wird bewegten Reizen automatisch mehr Aufmerksamkeit zugewendet als unbewegten
     - Den momentanen Absichten einer Person
     - Reizeigenschaften: Schwierigen Aufgaben, die mehr Kapazität erfordern, wird mehr Aufmerksamkeit geschenkt, als leichten Aufgaben.

12.6. Modell der multiplen Ressourcen
- Das Modell der multiplen Ressourcen geht anders als Kahnemans Modell nicht von einer generellen Ressource aus, sondern von mehreren inhaltsspezifischen Ressourcen. Anlass zu dieser Annahme geben Experimente, in den Vpn 2 Aufgaben gleichzeitig erledigen müssen. Zu Interferenzen kommt es dabei vor allem, wenn die gestellten Aufgaben ähnlich sind: z.b. interferieren Bild-Vorstellungen mit visuellen Aufgaben, Geräuschvorstellungen mit auditiven Aufgaben.

12.7. Anwendung im Unterricht
- Die besprochenen Theorien und Experimente zeigen, welche entscheidende Rolle der Aufmerksamkeit bei der Verarbeitung und Speicherung von Informationen zukommt. Bei entsprechender Ablenkung (Geräuschpegel, Zettelchen schreiben, etc.) kann es passieren, dass der Unterricht vollständig an den SuS vorbeigeht

- Alle dargestellten Modelle gehen davon aus, dass Unterschiede auf der perzeptuellen Ebene am ehesten bewusst werden. Dementsprechend kommt äußeren Stimuluseigenschaften eine entscheidende Rolle bei der Aufmerksamkeitslenkung zu: Durch entsprechende Hervorhebungen (z.b. Unterstreichungen oder den Einsatz verschiedener Farben) kann die visuelle Aufmerksamkeit erregt werden, durch das Heben der Stimme die auditive Aufmerksamkeit, etc.

- Methoden zur Erregung der Aufmerksamkeit
  1) Stimuluseigenschaften, z.b. lautes Sprechen, veränderte Stimmlage, visuelle Hervorhebungen, etc.
  2) Explizite Hinweise: ein wesentliches Mittel der Aufmerksamkeitslenkung ist die Sprache, d.h. einzelne SuS mit Namen ansprechen, das Wesentliche explizit betonen, Aufforderungscharakter
  3) Motivational-emotionale Aspekte, z.b. Interesse fördern, etc.
  4) Überraschungseffekte

- Modell der flexiblen Ressourcen-Allokation: SuS dürfen nicht überfordert werden, sie haben lediglich einen begrenzten Umfang kognitiver Ressourcen zur Verfügung. Nur Routinetätigkeiten können parallel durchgeführt werden. Schwierige Aufgaben erfordern dagegen volle Konzentration. Welche Aufgaben als „schwierig" einzustufen sind, hängt dabei von der Übung der SuS ab; Beispiel: Ein Anfänger hat z.B. Probleme damit, einen fremdsprachigen Text laut vorzulesen und parallel dazu dessen Inhalt voll zu erfassen. Letzteres gelingt erst, wenn die Artikulation hinreichend automatisiert ist und dadurch weniger kognitive Kapazität erfordert.

	Aufmerksamkeit				
Merkmale	Informationsverarbeitung und -filterung als serieller (linearer) Prozess = Sequentielle Verarbeitung			Informationsverarbeitung und -filterung als simultaner (paralleler) Prozess	
	Filtermodelle			**Ressourcenmodelle**	
Modelle	Das Filter-Modell (Broadbent)	Das Verdünnungs- oder Abschwächungsmodell (Treisman)	Das Späte-Selektions-Modell (Deutsch & Deutsch)	Das Modell der flexiblen Ressourcen-Allokation (Kahneman)	Das Modell der multiplen Ressourcen

Merkmale	• Frühe Filterung vor Verarbeitung im KZG
	• *Alles-oder-Nichts-Prinzip*
		• Kein *Alles-oder-Nichts*-Prinzip, sondern stufenweise: keine vollständige Wegfilterung, sondern weniger vollständige Verarbeitung	• Selektion eingehender Informationen nach deren semantischer Identifikation im KZG ↔ Broadbent	• Richte der Aufmerksamkeit auf mehrere Dinge gleichzeitig
				• Vorhandensein eines begrenzten Pools, der flexibel eingesetzt werden kann → ökonomische Verteilung kognitiver Ressourcen
				• Kein *Alles-oder-Nichts*-Prinzip
				• Selektion von Informationen aufgrund dreier Faktoren
				  o Schwierigkeit der primären Aufgabe
				  o Umfang verfügbarer Ressourcen
				  o Ressourcen- bzw. Verteilungspolitik der betreffenden Person
					• Keine generelle Ressource, sondern mehrere inhaltsspezifische Ressourcen ↔ Kahneman

Empirischer Befund	• Cherry (1953): Dichotisches Hören		• „Effekt des eigenen Namens"		• Parallele Bearbeitung zweier Aufgaben → Interferenzen v.a. wenn gestellte Aufgaben ähnlich sind (Bildvorstellungen + visuelle Aufgaben; Geräuschvorstellungen + auditive Aufgaben)